U0023005

打開天窗 敢說亮話

WEALTH

天窗出版

有升有息

黎家良　著

目錄

Chapter 1　優質低波幅港股

Chapter 2　以藍籌股自製穩贏策略

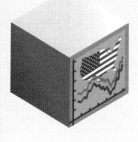

推薦序

著名財經評論員
曾淵滄博士

我認識Desmond的時間不算長，但已很感覺到他的好學。Desmond幾乎
讀遍圖書館及書店能找到的投資書籍。他用了很多時間研究投資之道，
並加以實踐。

博覽群書已不易，博覽群書之後的消化，取各家之長而用之更加不易。
近日，他將自己的投資心得整理成書，論述的範圍不限於股市，也包括
債券、期權、其中有不少自創的見解，很有參考價值。

滙豐銀行前副總經理
劉智傑

港股暢旺之時，無論各種專業人士、中環白領階級、工商業區的藍領工人，甚至揸的士的師傅，都能參與有關個別股票的話題，甚至提供所謂「個別股票的特別貼士」，令人笑壞嘴巴。

在零息的全球大環境下，每一個人都需要為自己的財富，追尋更佳的回報，不可能再像以前一樣，簡單的存放在銀行裏當定期存款，收取「可恥」的利息。由美國在2008年開始的寬鬆貨幣政策，到現在已經長達8年的時間內，因應投資需要，所謂的投資專家，應運而生，提供各種服務；財經演員、作者，大放厥詞，在不同傳統及電子傳媒表演，百花齊放，是否可以令到投資大得益，相信沒有人能弄清楚。

投資要成功，有高人指點，自然勝人一籌，但能否遇到真正高人，是另外一回事，涉及很多其他因素，不在此序所討論的範圍。要說的，就是此書作者黎家良，是我近年才認識的小友，初認識他的時候，他還在一間本地銀行內任職，從言談之間，知道他對投資有一種非常熱誠的追求，更且多年積聚下來的經驗，投資收獲不菲；不久之後，他告訴我已經辭職，全身投入自己喜愛的投資及投資教育工作，更希望能為大眾服務。

故此，他立下決心，花了很多的時間，完成此書，為有意參與投資活動的朋友作為投資開始的一課，有興趣的朋友，不妨買來看看。

全職爸爸、《劈炮唔撈》、《佔領資產》、《全家變泰》作者
岑皓軒

我們近幾年不在香港生活，但每個月總會收到一兩個朋友的電郵，甚至親身飛到彼邦來訪，問我們關於財務自由的事。這些朋友大多是中高收入的中層管理或專業人士，他們對理財工具都略有認識，對ETF、股票、債券等並不陌生。可是到了實際操作，就立即被市場資訊和情緒影響，變得兵荒馬亂！本來自己有一手「靚牌」，卻因為不懂得應對市場情況，胡亂出牌，變得賠了夫人又折兵！受傷過後，還是乖乖的留守現金，但明知不斷貶值，追不到通脹，所以就經常自己腦交戰，每天打開財經台，面對琳琅滿目的理財工具和海量的市場分析，「To Buy, or Not to Buy? That is the Question！」

其實各種理財工具，博大精深，投資如用兵，用兵之道攻心為上，攻城為下。黎兄的這本書內容由淺入深，把精髓簡單帶出，使繁忙上班的香港人可以在短時間內，掌握全盤布局。有了穩賺布局，則草木皆兵，什麼工具都可以為你貢獻回報。我用心細讀後，發現這好比攻略書，可以幫你建立「穩穩陣陣」的組合之餘，也能取得理想的回報，是現時很多中產人士，打破「個個月等出糧」，邁向財務自由的一道曙光！

以前曾經參加過不少物業投資座談會，記得有一次，有位中年觀眾向台上嘉賓發問：「我想知道點解，太古城和美孚新邨都40幾年樓齡，都賣得每呎上萬元，我真係睇唔通囉！」台上一眾嘉賓都知道，這絕不是三言兩語就可以解答的問題，所以都只是笑而不答。座談會主持人為免Dead Air，就邀請施永青先生回應。施老闆拿起咪，只說了一句話，然後就引來哄堂大笑和全場掌聲。他說：

「你睇唔通啫，但係人哋就睇得通嘛，所以貨源就落入強者之手囉！」

黎兄這本書，就是讓你可以「睇得通」的好書，是有心意有誠意之作！財務自由絕不難，一切你所需要的資訊早已在此，只在乎你是否願意用心用力去實踐。「To be Free, or Not to be Free? That is the Question！」

獨立理財教練、iMoney「你財策劃師」專欄作者
林昶恆 (Alvin Lam)

回想初次與Desmond認識已是五年前了，當時他在銀行工作，正為參加了一個金融服務業的財富管理師比賽準備，所以主動與我聯絡，希望能夠提供一些意見，怎樣能夠提供最適當的理財建議給客戶，我記得他最後亦能夠在比賽中獲獎，實力被肯定。

五年間，大家一直保持聯繫，知道他很努力地充實自己，向不同名師學藝，投資理財知識和技巧突飛猛進，更已經自立門戶，與投資者自由地溝通交流，我與他亦有機會在上年一起同台發表，與嘉賓近距離分享投資理財心得。今天Desmond更為了芸芸投資苦海浮沉眾生，提供可以隨時參考的工具，發行了第一本財富管理書籍。

今次有幸能夠成為第一批欣賞Desmond作品的人，單從標題，已感覺非常吸引，正正是一般投資者期望的目標或面對的煩惱。他書中所提及的產品，除了有令我們又愛又恨的股票以外，還有一些有用但少有人認真考慮在組合的資產配置中出現的工具，包括債券和基金，還有可用作風險管理的衍生工具，內容全面而貼地，相信很多投資散戶的疑問，都能夠在Desmond這本書中找到答案，只要能夠仔細閱讀及認真運用，相信定能大增達到豐盛財富人生的目標的機會。

你可有聽過「有早知，無乞兒」這句香港俚語順口溜？意思是譏諷那些只懂事後孔明的人，相信不少散戶對一些市場專家都有類似感覺，這種凡事靠運氣的態度對達到理財目標於事無補。如果你是一個認真管理自己財富的人，應該緊記以下幾句：

<blockquote>
學理財，為將來
識投資，無騙子
懂風險，人勝天
</blockquote>

希望大家能夠從Desmond這本用心撰寫的書中，真正體會到這18個字的真諦。

祝Desmond的大作大賣。

迦密中學前校長
梁李步正

記得我在2009年接近退休時，曾為一位八十年代畢業校友的大作寫了一篇序，其中提及：「銀行利息長期處於低水平，靠利息收入過活實在不可能，但甚麼叫做穩健性投資，又實在茫無頭緒。」時光飛逝，今已退休多年，但上段說話對我來說，仍然正確。感恩的是：七、八十年代的樓宇不像現今的瘋狂，加上資助學校的公積金計畫比供強積金人士的退休保障相對地大得多，以致我的退休生活，雖不能靠存款帶來的利息生活，但若無重病，應可足用至終老。

話雖如此，也曾聽從周邊的朋友、學生意見：應有適當的投資，也不要將雞蛋放在同一籃子上。但因對整個金融市場的運作沒有認識，又怕連老本也不保，退休八年，依然原地踏步，幾無寸進。去年，知道家良在天窗出版社舉行投資講座，我也有幸出席一聽，他的演講內容，很切合一些對投資有興趣、卻認識不多的人。但對於我這一把年紀的人，隨聽隨忘，得益實不及有一書在手，隨時可以翻閱。近日知道家良擬將他的大作刊印出版，那實在是一個好消息；可令有興趣投資的人有機會詳細認識投資的理念。

謝謝家良把這本書送我一閱，並邀我作序，身為他中學時的校長，實在是我的光榮；但我對這方面的認識極其皮毛，相比其他金融界知名人士，實在感到不配。汗顏之餘，也以門外漢身份認真將此書細讀一遍，方知我一向耳濡目染的股票知識，其實有不少是不正確的投資態度；至於文中所提的債券、期權、ETF等，我更一無所知。由是知道，要做一個真正的投資者，必須要努力學習，勤做功課；沒有守株可以待兔，不勞而獲的故事。

家良在他的中學師長心目中，是一位努力學習、思考敏銳、坦率自信、待人友善的學生。他對師長恭敬有禮，若他認為老師的教學範圍與學習無關時，仍能有良好、認真的態度與老師討論；及至後來明白：學問不單只著眼於考試範圍時，雖畢業多年，仍會很誠懇地告知老師自己當年的狹陋。雖是小事一樁，但可見他的學習態度積極認真，應用於今天他的投資理論，當是前後一致。

「我非常希望可以跟他們分享我的投資方法和怎樣經營一個投資組合，既可每月收息，而財富又可以穩定地增長，在投資的路途上少行一些冤枉路，所以便萌生了寫書的念頭。」（家良的自序）作為一個能成功踏出第一步，自行創業的年青人來說，今日的家良大可獨善其身，努力發展他的事業，但他選擇不敝帚自珍，樂意地將一己所得與各位讀者、學者分享；並希望達到作者與讀者交流分享的目的，這是一個很值得嘉許鼓勵的地方。實樂意推介給讀者參考並為之序。

自序 我的財富增值之路

我大學畢業的年份是2007年，還記得同年11月參加大學畢業禮當日，恒指是在30,000點之上的，當時我剛剛在銀行的分行開展我的見習生生涯，見到每個客人都在股市上大勝，資深同事們很努力地銷售客人各種基金、股票掛鉤等投資產品，所以每季均收到巨額的花紅和佣金。可惜好景不常，在2008年9月，雷曼宣布破產，正式揭起金融海嘯的序幕。

在金融海嘯中零損失

從07年11月的30,000點以上到08年10月底跌至10,000點邊緣，歷時不足一年，幾乎所有客人和同事都損手爛腳，更可怕的是，很多同事均有向客人銷售了「迷你債券」，很多投資了迷債的客戶均血本無歸，每天在銀行門口抗議誤導銷售，很多同事在這場海嘯中不但自己的財富大縮水，更因為被客戶投訴、監管機構的調查令自己寢食難安。

我在大學的時候已有炒股票的習慣，但因為要去畢業旅遊的關係，在07年初已賣光所有股票，全都用在旅行。因為沒有資產投資的關係，所以

在金融海嘯中我是沒有損失。而我加入銀行的時候就因為沒有經驗和沒有相熟客人，所以根本沒有機會銷售任何投資產品，所以迷債風波中也沒有客戶要投訴我。

機會由一篇新聞報道開始

由於大學不是主修金融，為了做好銀行這份工，我每天都會看書看報紙，惡補一下金融知識，在08年10月，我看見《香港經濟日報》的一篇報道，表示REITS（房地產信託）回報差，10%股息以上的房託竟然無人問津，證監會表示研究改善RETIS的表現。

我當時很認真研究這些有10%回報的REITS到底是甚麼東西，尤其研究冠君產業信託（2778），因為它的主要物業是位於我家附近的朗豪坊。我見朗豪坊的生意一點也沒有受到金融海嘯影響，每天人流不絕，沒有見到任何空舖，所以我認為是低吸的時機。

第一次的「財息兼收」

問題來了，當時我的銀行賬戶存款不多，只有幾萬元，就算全數用作買入冠君，可收息的金額不太可觀，適逢銀行因為理財產品銷售金額下滑，改為要我們銷售稅務貸款，銀行推出的稅務貸款利率才2.8%，員工申請還有優惠，我當時靈機一觸，不如借2.8%去買冠君房託收10%股息，股息完全足夠支付稅貸利息有餘。還記得申請當日，《香港經濟日報》又再刊登一篇關於REITS的新聞，股息率則更加誇張，部分高逾20厘。

稅貸強迫儲錢法

我當時月薪是 11,000 元，所以能借入的稅貸只有 10 萬元。由於稅貸需要每月定期還款，所以我每個月出糧後第一件事便是把貸款還掉，然後才用作支出，於是便有強迫儲蓄的效果。一年後，冠君的股價升幅超過一倍，我還收了可觀的股息，第一次享受「財息兼收」的成果。所以，每年借稅貸買 REITS 便成為了我的習慣。

第一次投資三倍股：創興銀行

我第一份工作是在創興銀行（1111）擔任分行的客戶服務員，月薪只有 11,000 元。由於表現良好，分行經理便推薦我升職任副經理，通過種種考核後，銀行也同意了我的晉升，不過月薪只是增加至 13,500 元。我認為工資水平完全不能反映我的能力和貢獻，要求銀行多加薪水，但不得要領。所以我在 2010 年底轉職至東亞銀行，工資馬上加了接近 50%，福利及獎金都較創興銀行好很多。

我到職東亞後，發現東亞無論在規模、生意、人手等均比創興進取，才發現當時的創興銀行根本不是做生意的銀行，我直覺創興銀行應該是等賣盤的銀行，正因如此，才會對我的加薪要求不瞅不睬，也不太盡力挽留優秀員工。所以，我在加入東亞銀行開始，定期買入創興銀行股份，就算它未有賣盤消息，也有比銀行存款較佳的股息。

2012 年，創興銀行宣布委任非廖氏家族的「外人」任行政總裁，我便非常確定創興銀行很快便會賣盤，所以我也加大力度買入創興銀行的股份，最終廣州越秀集團以每股 35.69 元收購創興銀行，是我第一次買入創興銀行的三倍價格！

圖表1　創興銀行（1111）在2012-2013年，一年內股價升幅翻倍

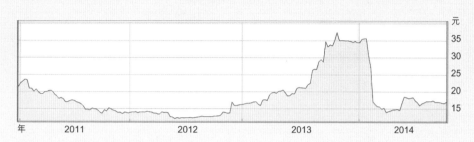

第一次投資大敗：恒盛地產

自從有了對上兩次成功的經驗後，我的投資便變得大膽一些。在2014年初，恒盛地產（0835）宣布以每股1.8元私有化，而私有化投票前幾天，恒盛的股價是在1.6元左右；我當時認為世界上無如此便宜的事，所以認真研究一下各大股東的投票取向：基本上最大單一股東中國人壽表明會投贊成票，我統計贊成票股份比例應會遠遠高於法定門檻。由於看見有套戥的機會，於是大手以1.6元買入，然後等私有化。

最終投票結果也一如我所料，超過98%股東支持私有化計劃，只有少於2%的股東反對；不過私有化計劃卻以否決告終，因為恒盛是開曼群島註冊公司，私有化需要以現場出席股東會的股東為準，當日出席股東會投贊成票的股東有58名，反對的股東有62人，因為投反對票比投贊成票的股東多3人的關係，私有化遭到否決。

私有化失敗後，恒盛復牌後的股價馬上暴跌三成，我也很不幸損失了超過6位數的投資。

選擇止蝕　另覓有潛力投資

有很多散戶不幸買了下跌股票，會選擇跟他「鬥長命」，以時間等待股份返回家鄉的一天到臨。但我卻選擇壯士斷臂，復牌後馬上將全部股份賣掉。 因為我知道，股份愈跌得多，要回本的難度就愈大，與其持有劣質股無止境等待，不如將資金買其他有潛力的股份耐心投資好了。

所以，我在收回70%資金後，便鑽研怎樣才有機會把損失的30%賺回來，最後，我將資金平均分布在廈門港務（3378）及長江基建（1038）身上。

第二次投資了倍升股份

我選擇買廈門港務的最主要原因是它的股息率超過7%，而且股價低殘，就算股價不升，我單是收股息，只需4年便可有28%回報，足夠我補回恒盛地產中的三成損失。

而長江基建則盈利及派息年年以雙位數百分比增長，相信假以時日，股價應該可以翻倍。

2015年大時代：撤退

2015年，大市因為滬港通，基金互通等因素突然變得非常熾熱，大量大陸股民通過滬港通渠道大舉買入港股，我在2014年初買入的廈門港務因為有廈門自貿區的概念，股價在短短三個月內暴升了超過3倍，回報遠

遠超過我在恒盛地產的虧損。由於廈門港務跟港交所、中國中車等股份已升至非理性水平，所以我將廈門港務沽出，並將其換入股價較低水的長江基建以保存利潤。

同年六月份，港股因為大陸收緊融資融券、希臘債務危機而大幅回調，而手中持有的長江基建卻宣布了跟子公司的電能合併，而逆市上升，直至2016年英國脫歐公投為止。

圖表2　如果我繼續持有恒盛（0835）至今，股價不但無法返家鄉，
　　　　而且股價比2014年跌得更多

資產配置管理財富

從2007年畢業到2015年底，我其實只做了幾次重大的投資決定，可幸大部份投資均可取得翻倍回報，令財富大幅增值。加上我在2015年底結婚成家立室，我意識到我最需要的不是再找些財富翻倍的機會，而是好好管理現有的財富，抵禦市場風浪，讓財富不但可以穩步上升，而且可以帶給我足夠現金流，支付生活所需。所以，我在2015年底運用我多年來為客戶理財的經驗，將財富妥善分配在不同的資產，務求可減少風險，增加回報。而本書正是我現在如何管理財富的部署。

導讀 有升有息的 投資布局

筆者在中學時代，在圖書館借了當時熱銷的《窮爸爸，富爸爸》回家閱讀，我早就明白要做到財務自由，必先要買入每月產生現金流的資產，當資產為你帶來的收入高於你日常的支出時，你便可以不用工作了。所以我對於各項可以收息的投資都很有興趣，舉凡高息股、房託基金（REITs）、債券及期權等收息工具皆有深入研究，多年來認識他們的長短處和脾性，適當調動資產分配，好讓這些收息工具在資產組合發揮應有作用，每月為我帶來穩定收入。

由於我的投資收入已遠遠高於我的日常生活開支，而我又覺得在銀行打工的付出跟我收取的薪金完全不成比例，所以我在2016年9月正式脫離打工仔生涯，全身投入開展我的生意。由於我每月均可在投資組合中取得不錯的收入而且沒有欠債，讓我能「食息不食本」，就算創業初期完全無收入，我也不會有壓力。

最近兩年，由於投資物業的難度大增及回報率大減的情況下，很多過去只懂投資物業的朋友轉移目光到債券和REITs身上，看見這些工具年回報原來可以有5%以上，仿佛發現了新大陸一樣。再加上一些金融機構推銷這些投資工具安全而且十分穩陣，買入後可安枕無憂，每月等出糧，很快便可以達致財務自由的境界。更有些朋友覺得這些收息投資工

具波幅太低，以現金投資這些收息工具回報太少，竟以槓桿形式買入以求倍大至年回報10%以上，認為此乃十分安全云云，其實不然。

雞的故事談投資環境要求生

這裡先和大家說一個雞的故事。

一隻在農場裡面的雞跟一隻在農場外的野雞隔著鐵絲網圍欄在交談：

野雞：「我有在野外覓食的本領，任何情況下都可以自己找到食物，圍欄有個破口，你逃出來便可以重獲自由，我會教你覓食的技能。」

農場雞：「你這樣做實在太辛苦了，我現在一日三餐均有主人餵食，而且我還可以準確預測主人餵食的時間，過去幾年我的預測都準確無誤，為何要跟你出去捱苦？」

野雞數天後再經過農場，已經再沒有見到早幾天跟它聊天的農場雞了。因為那隻雞已經夠大，主人便把他劏掉享用了。

近年在各國QE（量化寬鬆）放水的環境下，金融市場上有很多債券投資者取得極佳回報，而且可以說是不勞而獲，隨便買點有息收的工具然後放在一旁便可坐享其成，那就等同將自己放在故事中農場雞的位置，市場環境逆轉，自己便會突然被大劏劏掉，還要死得不明不白。

筆者作為長期投資這些收息工具維生的人，可以明確告訴大家金融市場非常複雜。做年回報5%以上的投資，承受的風險和需要付出的心機，遠遠高於做年利率只有1%的港元定期。我在這本書會教你做一隻既懂得覓食，又可以避開被獵殺危險的野雞。

種菜和種錢的道理

我的伯爺退休後的生活就是種菜。種菜並不是簡單地在田裡播種，然後等收割這麼簡單。首先，要依照季節，選擇適合的蔬菜栽種。栽種期間還要施肥、除草及除蟲；如果知道會打風的話，還要預早收割。以上任何一項做漏或沒有做，都很大機會沒有收成。

很多人讀完《窮爸爸，富爸爸》後，相信都能夠明白凡人一天只有二十四小時，就算不眠不休靠勞力賺錢還是有個上限，在資本主義社會中，有錢人要靠買入有現金流的資產才可成功。很多朋友按照富爸爸的邏輯實踐，但也不甚成功。因為他們只知其一，不知其二：只知道要買收息資產，但沒有認真想過怎樣選擇，怎樣打理這些為你賺錢的工具。要謹記「被動」不等於「不勞而獲」，各類收息工具均有其特色及風險，正所謂「水能載舟、亦能覆舟」，懂得善用的話可以令你每月產生額外的收入，錯誤使用的話則車毀人亡，賠上自己辛苦儲蓄回來的血汗錢。

檢閱四大現金流工具

1. 買香港物業必勝方程式不再

過去 20 年，很多朋友都會買物業，然後放租，讓租客交租為你供樓。樓價升值後再去銀行加按物業，再買一間物業放租。若干年後，很多物業都已供滿，只靠每月收租便可以輕鬆退休享受人生，我很多親戚朋友便是以這樣的方式致富，供養了幾代人。

可是現今香港樓價高企，今時今日買住宅物業收租回報已大不如前。在龐大的潛在供應下，就算樓價不下跌，但升值空間已大大收窄。不少朋友為避開住宅市場的辣招，改為投資工商物業以求多點升值空間，但由於金管局屢行逆週期審慎貸款措施，工商物業的按揭成數減至只有四成，就算物業升值也難以再加按套現，令到過去以「升值、加按、再買」的「必勝方程式」難以再複製。

2. 買海外物業要注意三大風險

既然香港物業樓價既昂貴，又有辣招，收租回報亦不高，倒不如放眼全球，在其他樓價低水、收租回報更高的國家置業有更高的勝算？我建議讀者如考慮在海外投資置業，不要單方面聽信香港代理「賣花讚花香」的單方面銷售描述，最好親身去一次當地考察，看看置業地點周邊的情況，假扮一下租客或買家，看看目標物業的租務市場及買賣成交是否暢旺才決定是否買入長期投資。第二要選擇信譽良好的發展商，以防項目爛尾。第三要注意匯率風險，以防賺了租金和樓價，但在匯率上吃虧。最簡單降低匯率風險的方法便是在當地銀行借當地貨幣，便可以大幅降低匯率風險了。市面上有不少有豐富海外物業投資經驗的專家寫了關於英國、日本、澳洲、大馬、台灣以及大陸的投資書籍，大家考慮投資海外物業時，不妨花點時間了解一下專家的經驗和竅門。

3. 債券投資知識不可少

債券是近年很熱門的投資產品。發行債券的邏輯是企業以低於銀行貸款利率，高於銀行存款利率向投資者貸款。企業定期付息給債券持有人，

到期便歸還本金。很多專家把債券這回事描述成一項看似很簡單的收息工具，而很多投資者也認為投資債券毋須太多技巧，既沒有買樓的辣招，如果買港元或美元的債券，就連匯率風險也沒有。有些朋友認為債券投資既簡單又安全，便以「孖展」形式買入債券以倍大回報。

投資債券雖然比投資股票簡單，比投資物業少限制，但是投資前要學習的知識、需要考慮的事項其實也不少。全世界的保險公司、銀行、國家主權基金及大型退休金均大規模投資債券，而他們也有一隊CFA（特許金融分析師）和博士級的投資專家專門去管理債券投資，可見債券投資並非單純買入後等收息和等到期的投資工具。我會在往後的章節詳細探討小投資者要認識的債券投資知識，以及對小投資者最有利的債券投資方法。

4. 買股收息贏多輸少有竅門

過去十年，股票是很多投資者不能忘記的痛。恒指在2007年11月創下31,958點高位後，投資者在股市經歷了金融海嘯、全球QE、歐債危機、大時代、熔斷、脫歐等不同的危與機，恒指長期都是大型上落市，有波幅無升幅。很多小投資者所持有的強積金年年輸錢，手上的所謂「優質藍籌」股票幾乎全線回報見紅，就算不用輸錢，回報往往大幅跑輸樓價，所以近年中港兩地的小投資者均對股市心灰意冷，所有熱情均投入去樓市。

其實大部份人對股市都沒有興趣的時候才是機會，我在2011年便開始很認真地研究股票市場和學習股市贏家的心法，過去幾年均能在股市獲得滿意回報，財息兼收。如小投資者能懂得選擇真正優質、能放心持有的股份及善用股市的波幅，現在買股收息的回報遠遠比買樓理想。我會在本書的章節重點傳授我買股收息贏多輸少的竅門。

慕名而買的股債混合基金

2013年中，全港各大銀行均推出一隻基金名為「收益及增長基金」，每月派息可達年利率10%，如用高息外幣如澳元、紐元或人民幣投資的話，年利率高達13%，而銀行設定的5級風險中，這隻基金風險級別只是3（中風險）。當時很多銀行設定港股基金的評級是5（極高風險），很多朋友（包括我），便被這個「比港股穩陣但有9厘回報」的產品深深吸引。

發行這基金的基金經理公司，在過去管理的債券基金及股票基金表現，向來都是在同儕之中處於中下游位置，但翻查這「收益及增長基金」的價格波幅卻不高，而且派息紀錄亦相當平穩。到底一個過去表現平凡的基金經理，怎樣為投資者炮製這個「低波幅9厘回報」出來呢？

我翻查基金宣傳單張，發現以下描述：

1. *可換股債券：旨在潛在收益、下跌保障和資本增值*

2. *高收益債券：可助降低波幅，高票息可帶來潛在收益*

3. *大型增長股：爭取資本增值潛力及／或派息收益，機會主義備兌認購期權策略可能帶來額外收益潛力*

原來基金主要是買債券，一小部份錢用來買股票，然後再利用股票期權策略收取期權金。我跟蹤這基金年報的詳細投資項目，發現這基金買股買債成績亦一如其管理的債券基金和股票基金，都是不甚了了。我想一個平庸的基金經理都可以做到的事情，我只需稍作改良，回報必定能跑贏這基金，於是我設計了圖表1的有升有息的投資組合。

圖表 1　有升有息的投資組合

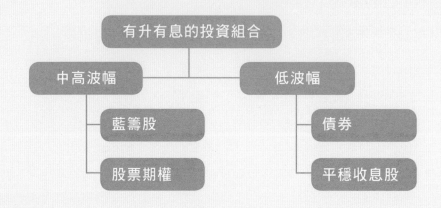

這個有升有息的投資組合以資產波幅性劃分，分中高波幅和低波幅，先來談談低波幅類別。

低波幅類別投資：

1. 平穩收息股低位買入，長線持有

這些股票通常都是被大眾和傳媒形容為「悶股」或「老土股」，大市升的時候不怎樣跟著升，大市跌的時候也不會怎樣大跌。大升和大跌通常都是因為公司本身的因素（例如收購／私有化／做假數）造成。我們只需以收購舊樓「落釘」的心態買入等待，然後慢慢等它來一個大爆發，好

讓自己「財息兼收」；就算沒有大爆發的發生，每年收4%以上的股息已好過你買只抽得一兩萬元的iBond。

這類型的股票只需在買入前認真做好篩選和選擇入市時機，然後定期監察其業績表現便足夠了。

2. 環球債券：不「All-in香港」

大部份香港人都將其人生的全部押注在香港：工作／生意收入在香港、物業在香港、買的股票都是港股、甚至退休金的投資都是買港股！香港好就當然甚麼都好，但相反來看，香港差起來的時候便是股、樓、經濟、就業一起差，就好像97年金融風暴到2003年沙士期間，香港基本上都是民不聊生、一無是處。

由於香港債券市場遠遠不及股票／地產市場活躍，投資好的債券產品必須走出香港，所以投資債券便可看作分散你在香港的風險。所以筆者除了買股收息之外，還會投資一定比例的債券資產。

市面很多作家或評論員多以收息／財務自由角度，來推介投資者買入債券資產。其實投資債券資產的原因除了收息外，最重要的原因是長線來看，債券價格的波幅遠比股票低，每日上落幅度不大，只要是長期持有，基本上一年中任何時間買入，長線都能取得相若回報。

「亞洲債券基金」及「美元高收益基金」都是筆者的長期投資之一，我拿手持的兩隻基金表現跟香港恒生指數表現掛鈎的盈富基金（2800）比較一下，大家便知道為甚麼投資組合需要加入債券了。

圖表２　基金價格走勢比較

變幅(%)

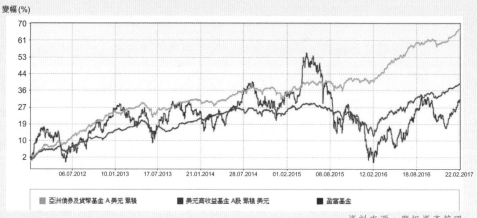

資料來源：摩根資產管理

相信大家都看到盈富基金表現明顯較波動，而單純以「買入及持有」（buy and hold）的策略來投資的話，中長線表現也是債券比股票佳。

圖表３　基金波幅及回報比較

%

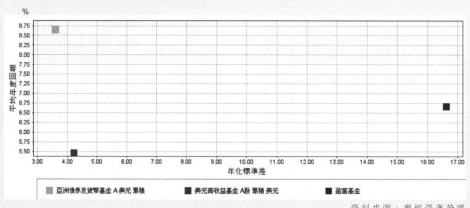

資料來源：摩根資產管理

「標準差」（Standard deviation）是衡量價格波幅的數學名詞。標準差愈高，代表波幅愈高。盈富基金每年平均波幅高於16%，即是説盈富基金一年價格上落是16%。如不幸在最高位買入，最低位需要套現沽出，損失可以是16%，波幅是債券基金四倍以上。而債券基金波幅不足5%，就算在一年最高位買入，收息一年即可補回價格差異，可見債券投資風險較低。

收息股及債券，只要是低波幅，便適合買入後中長期持有，而不需積極管理，每月輕鬆坐收派息。至於高波幅的藍籌股，雖然不適合以傳統長期持有方式投資，只需要巧施妙計，便可以將大市一年16%波幅化為自己的收入了。

高波幅類別投資：

3. 藍籌股及股票期權：將你手上的股票放租

很多朋友都很喜歡買盈富基金及指數股，例如滙控（0005）、中國移動（0941）、內銀股等股份長線收息。比如中國移動，2016年兩次派息加起來只有2.685元，但是股價2016年的波幅範圍是78至99元，波幅達11元，波幅是股息的4倍。過去不少投資者不幸在高位買入，股息只能彌補小部分損失。

其實藍籌股勝在市值大、成交活躍，各大投資銀行均有專家監視其公司一舉一動，基本上公司發生了甚麼事均會很快反映在股價上，小投資者根本不需費心去研究這些公司太多的基本因素，只需炒它的波幅便可。

我對於這類型有波幅，沒有甚麼升幅的股份，我們可以活用備兌期權策略（Short Cover）去賺這些每月／每季的波幅，每月可以很輕鬆地為自己的股票組合多賺 1 至 2% 回報。大家不要少看這 1 至 2% 回報，每月只需要多賺 1%，一年下來便是 12% 回報。

如果買藍籌股不做備兌期權策略的話，就像買樓不放租一樣，每年會賺少很多很多租金！

對沖股災下跌風險

近十年幾乎每年都會發生幾次黑天鵝，例如歐債危機、英國脫歐等，令到股市、債市風起雲湧，不論優質及劣質資產均遭到拋售。雖然自己手上的投資都是優質的股份及債券，絕不會在低位以賤價沽出，但是在熊市的時候，眼見身家縮水也是一件十分不爽的事情。

有朋友可能說，應該在股價／債價高位的時間沽出，在低價的時候再買入，實行低買高賣。不過，升市的時候往往「高處未算高」，跌市的時候也是「低處未算低」。萬一看錯方向，更加是得不償失。

我們雖然不能捕捉高位和低位，但是我們可以在大跌市時做一些對沖，降低賬面上的損失。不要以為對沖是大鱷或基金經理的專利，現在衍生工具普及，選一些適合自己的工具做對沖比以往簡單得多。做這些對沖，得失不要太過計較，就當是為自己的投資組合買保險的成本，但求安心就好了。

針對上述分析，我再把我的投資理念延伸為圖表4的詳細投資布局。

圖表4　有升有息的投資詳細布局

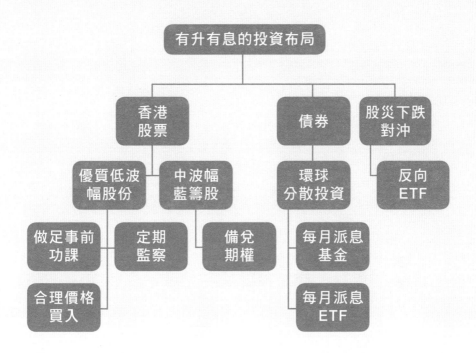

這布局看起來好像很複雜的樣子，我會在之後的章節詳細講解理念及操作方法。讀者明白了原理及竅門後，每月其實不需花很多時間去操作和管理，都能獲得滿意回報。

Chapter 1

優質低波幅港股

1.1 依4原則 選長期收息股

討論區有位自稱為的士司機的網友，自2006年開始，每月儲17,500元月供滙控（0005）。網友堅持供款十年，終儲到40,000股滙控，每年可收息約16萬元，即平均每月13,000元，由於他跟家人同住公屋，沒有老婆兒女，洗費不多，每月13,000元足夠他每月不需工作，宣布退休。

如果讀者不知道滙控過去十年股價表現的話，還可能覺得這位網友努力儲蓄終能獲得財務自由，但看看滙控過去十年的股價，都以反覆下跌為主，現價較十年前高位下跌超過一半。

圖表1.1　滙控（0005）股價十年走勢

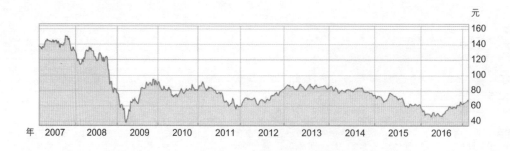

如果這位網友十年內有留意一下財經新聞，應該知道：

1. 滙控的美國業務持續虧損。

2. 滙控不停被歐美監管機構大額罰款。

3. 滙控每年派出的股息金額，是不足彌補股價下跌造成的損失。

4. 網友如果打算套現，現在賣掉滙控的話，收回的錢加上股息，比網友投入的本金還要少超過三成，得不償失。

避開賺息蝕價的藍籌股

這就是很多投資者所講的「息大本無歸」的情況：每月收息不錯，但本金卻是虧蝕。剛才提過，追蹤恒指的盈富基金（2800）一年波幅達16%，即是說一年收息不足5%，卻要承受16%的股價波幅，買貴了，收的股息不能彌補；買錯了，基本因素變差的話，股價更可能持續地下跌，令財富貶值。類似情況不斷在我們很熟悉的藍籌股發生，為甚麼要安穩買藍籌股收息這麼難？我綜合了以下一些原因：

1. 藍籌股中太多金融股。銀行及保險的會計準則複雜，監管機構要求愈來愈多，以致生意能見度低，業務業績難以為普通小投資者分析及預測，買入這些股份後可謂望天打卦。

2. 金融大鱷橫行。大戶為了將指數舞高弄低，通常會透過操控重磅成分股來達到目的。例如很多投資者都認為中國移動（0941）根本是一隻業績平平無奇的現金牛公用股，但由於市值大的關係，容易影響指數表現，一直被大鱷們大幅炒上炒落。

3. 電腦程式交易流行。大部份指數股均由莊家以電腦程式在背後操控，大市或公司本身有任何風吹草動的話，都能立刻作出反應，這些優勢都是小投資者不能比擬。

4. 指數股的衍生工具副產品盛行。例如投行發行的窩輪／牛熊證，銀行銷售的股票掛鈎票據（ELN），這都是造成指數股大幅波動原因。

宜選沒衍生工具之股份

既然買指數股收息那麼危險，我們可以根據上述指數股的問題，相反看便是我們買股收息的原則：

1. 業務簡單明確，不需要太多專業技能及行內經驗去分析。

2. 股份並非任何指數的一份子，或者只是佔指數極少比例。

3. 波幅較低，莊家大鱷沒有興趣用程式交易去舞高弄低的股份。

4. 該股份沒有任何窩輪／牛熊證／期權／ELN買賣。

恒生指數成份股有50隻，國企指數成份股有24隻，加起來只有74隻，當中還有不少重磅股是重複的，實際並沒有74隻之多。現時在港交所主板上市的股票超過1,900隻，看來要找出安全又適合的股份有如大海撈針。不用擔心，在接著下來的篇幅，將會慢慢教大家篩選股份的方法。

1.2 非指數股的 基本篩選

篩選(1):避開老千股／細價股

過去有股壇老手教我千萬不要碰股價低於1元的股份,市值10億元以下的股份也不要碰,因為這些股份被莊家操控情況嚴重,股價經常被舞高弄低,最終目的都是賺散戶的錢。我覺得這兩個要求太籠統,因為仍有有不少老千股是能夠通過這兩關篩選。由於我買股是打算長期持有,財息兼收,對股份的要求要更嚴格,所以我再設定了以下的篩選準則,務求不會買錯一些有機會令我萬劫不復的股份。

篩選(2):「保留意見」篩走可信度 欠奉的公司

在眾多基本分析中,市盈率(PE)、市賬率(PB)及股本回報率(ROE)都依靠企業業績發布的每股盈利及每股資產值計算,而業績中的數據

均需交由獨立核數師審核，如核數師認同財務報表能真實及公平（True and fair）反映企業情況，核數師會發出「無保留意見」。若核數師對財務報表的編制和審查期間有不同意或懷疑的地方，一般會先跟企業商討及要求澄清；如未能解決分歧，核數師便會在業績報告註明「保留意見」，並指出賬目哪些地方有問題。有「保留意見」的財務報表，報表內的數字可靠度頓成疑問，以有疑問或不可靠的數字做基礎的分析還有沒有意思？

我對財務報表有問題股份的態度只有一個：就是避之則吉！大家可參考過去曾被核數師發出「保留意見」的公司，股價一般不是大跌就是跑輸同類股份。由此可見，投資者在對企業的財務報表作任何分析前，應先留意核數師報告內有沒有「保留意見」！

如何檢查公司有無被核數師發出「保留意見」的紀錄？方法很簡單，只需要在Google輸入上市公司的名稱以及「保留意見」這四個字搜尋便可，過去的業績曾被核數師發出過保留意見的企業馬上現形。

圖表 1.2 於 Google 搜尋具「保留意見」紀錄公司例子

四環醫藥（0460）

四環醫藥 保留意見　🔍

全部　　新聞　　圖片　　地圖　　影片　　更多　　　　　　設定　　工具

約 110,000 項搜尋結果 (0.81 秒)

港股四环医药申请复牌遭拒-上市公司-上海证券报·中国证券网
company.cnstock.com › 上市公司 › 热点公司 ▼ 轉為繁體網頁
2015年10月30日 - 四环医药成立于2001年，是国内医药处方药市场中位列第八的药企，就市场 … 行动；公布所有尚未公布的财务数据，并对审计保留意见进行处理等。

港股四环医药申请复牌遭拒行贿指控未做合理解释_证券_腾讯网
stock.qq.com/a/20151030/010656.htm ▼ 轉為繁體網頁
2015年10月30日 - 港股四环医药申请复牌遭拒行贿指控未做合理解释. … 并针对结果采取补救行动；公布所有尚未公布的财务数据，并对审计保留意见进行处理等。

選股要贏在終點線天（林智遠）- 壹週Plus | Next Plus | 專欄
nextplus.nextmedia.com/columns/壹計就明/20160707/408898 ▼
2016年7月7日 - 若比較恒指成分股的領展（823）及電能（6），是藍籌股又派息穩定外，股息率分別是3.9%及3.8%，四環的股息率並不怎麼吸引啊！有保留意見的數字 …
您已造訪這個網頁 2 次。上次造訪日期：17年1月19日

港股四環醫藥申請復牌遭拒行賄指控未做合理解釋_大公財經_大公網
finance.takungpao.com.hk/hkstock/gsyw/2015-10/3228011.html ▼
2015年10月30日 - 四環醫藥成立於2001年，是國內醫院處方藥市場中位列第八的藥企，就市場 … 行動；公佈所有尚未公佈的財務數據，並對審計保留意見進行處理等。

[PDF] SIHUAN PHARMACEUTICAL HOLDINGS GROUP LTD. 四環醫藥控…
www.hkexnews.hk/listedco/listconews/sehk/2016/0226/LTN20160226148_C.pdf ▼
2016年2月26日 - 第三項復牌條件：「公佈所有尚未公佈的財務業績，並處理任何審計保留意見」；及 … 法證會計師向本公司提出多項推薦意見以處理有關調查結果。 … 茲提述四環醫藥控股集團有限公司（「本公司」）於二零一五年三月二十七日及二零…

中國秦發（0866）

中國秦發 保留意見   Q

全部   新聞   地圖   圖片   影片   更多   設定   工具

約 209,000 項搜尋結果 (0.93 秒)

中國秦發(00866) (修改後標題) 公告及通告- [末期業績/ 附帶「**保留意見** ...
www2.hkej.com/instantnews/stock/article/1297739
2016年5月3日 - **中國秦發**(00866) 截至二零一五年十二月三十一日止年度之全年業績(490KB, PDF)...

中國秦發- 信報網站**hkej.com** - 今日信報
search.hkej.com/template/fulltextsearch/php/search.php?q=中國秦發&page=2
中國秦發(00866) 澄清公佈通函及股東週年大會通告(133KB, PDF) . .... **中國秦發**(00866) (修改後標題) 公
告及通告- [末期業績/ 附帶「**保留意見**」及/或「修訂意見」的核數 ...

中國秦發(00866) (修改後標題) 公告及通告- [末期業績/ 附帶「保留意見 ...
www.zkiz.com/news.php?id=702009
2016年5月3日 - **中國秦發**(00866) (修改後標題) 公告及通告- [末期業績/ 附帶「**保留意見**」及/或「修訂意
見」的核數師報告]截至二零一五年十二月三十一日止年度之全年 ...

[PDF] 中國秦發集團有限公司CHINA QINFA GROUP LIMITED - HKEXnews
www.hkexnews.hk/listedco/listconews/SEHK/2016/1026/LTN20161026306_C.pdf
2016年10月26日 - 閣下如已將名下**中國秦發**集團有限公司的股份全部出售或轉讓，應立即將本通函連同
隨附的代表委任表格. 送交買主或承讓 .... 構融資提供意見) 受規管活動之持牌法團，亦為獨. 立董事委員
會 ... 務獲建議於出售事項後**保留**於本集團內.

由2007年6月25日起發布的公告 - HKEXnews
www.hkexnews.hk/reports/auditorreport/ncms/auditorreport_anntdate_des_c.htm ▾
搜尋在更新日期後發布附帶「**保留意見**」及/或「說明段落」的核數師報告，請到上市公司公告進階搜
尋，選擇標題 .... 00866, **中國秦發**, 2016 年05 月03 日, 請按此處.

篩選(3)：檢查誰是核數師

核數師雖然肩負重任，需要時要發出「保留意見」，以警惕投資者，但是上市公司的核數師卻是由製作財務報告的管理層負責選擇和聘請，簡單點形容，便是足球比賽的球證是由對方的球隊選擇和聘請，那麼球證的裁決理論上會偏向哪一方多一點呢？這樣的聘請安排，投資者又有甚麼保障？

筆者在大學是主修會計，畢業後亦曾在會計師事務所工作過一段短時間。以我和我同學的經驗，「四大」會計師事務所不論在選擇客戶（不是甚麼生意都接，爆鑊高風險的核數工作他們很可能會拒絕；而他們接納的客戶通常都是擁有可靠的內部監控程序和系統的大公司）、審核程序等均較其他會計師事務所嚴格。我認為公司賺蝕均無問題，最重要是財務報表是真實反映公司的財務狀況，方能讓投資者作出合適的投資決定。

「四大」會計師事務所

1. 德勤（Deloitte）

2. 羅兵咸永道（普華永道）（PwC）

3. 安永（EY）

4. 畢馬威（KPMG）

兩途徑查出公司核數師

1. aastocks

在 aastocks 輸入股份號碼後，按「公司資料」。

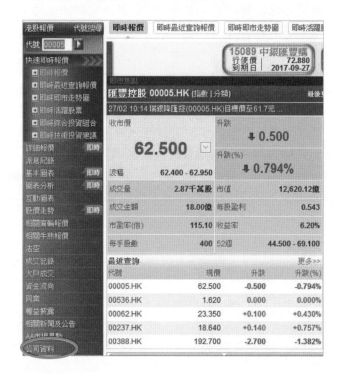

再按「公司資料」。

往下拉便會找到核數師的名字。

公司秘書	馬振聲
往來銀行	N/A
律師	N/A
核數師	羅兵咸永道律師事務所
註冊辦事處	香港中環皇后大道中一號
股份過戶登記處	香港中央證券登記有限公司
股份過戶登記處電話	(852) 2862-8628
公司網址	http://www.hsbc.com
電郵地址	investorrelations@hsbc.com
電話號碼	(852) 2822-4908
傳真號碼	(852) 3418-4469

最後更新日: 2015/04/27

2. 公司年報

如果你有閱讀年報的習慣,年報中也會有此資料:

舉例香港寬頻(1310)年報

公司資料

主席兼獨立非執行董事
Bradley Jay HORWITZ先生[2,4]

執行董事
楊主光先生[3,6]
黎汝傑先生

核數師
畢馬威會計師事務所
執業會計師
香港
中環
遮打道10號
太子大廈8樓

篩選（4）：檢查過去十年的派息紀錄

作為打工仔，老闆每月出糧給伙計是天經地義的事情。換個身份，作為長期投資企業、收取股息的股東，公司每年派發股息，向股東分享利潤也是天經地義的事情。就算投資買股的目標不是收息，我認為一間企業能夠持續每年派息可代表兩件事：

1.　企業每年都有盈利。

2.　企業內現金充足。

近年很多高速增長的企業，也會每年派發股息，例如騰訊（0700），雖然股息金額不多，但也表示對回饋股東的一種態度。

我會在股息這一關卡設定以下篩選條件：

·　過去十年，連續五年都有派息，不能有任何一年沒有派息。

·　就算每年派息，也要檢查過去十年是否都有盈利，因為有些企業就算錄得虧損，但由於擁有大量現金，所以也拿來派息。我認為企業錄得虧損，應該保留多點資金發展生意，改善業績。如派光現金，企業繼續虧損，受害的也是股東。

快速檢查企業盈利紀錄

在 aastocks 進入報價畫面後，在左邊選「公司資料」。

按照畫面指示便可看到公司最近五年的盈利紀錄了。

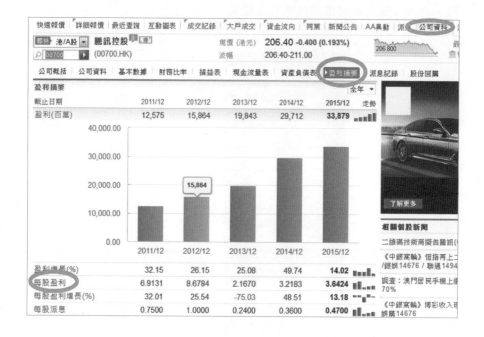

快速檢查企業派息紀錄

在 aastocks 進入報價畫面後,在左邊選「派息紀錄」。

派息記錄							派息類別 所有 ▼	
公佈日期	年度/截至	派息事項	派息內容	方式	除淨日	截止過戶日期	派息日
2017/01/04	2017/06	中期業績	股息：人民幣 0.0860(相當於港元 0.0959416)	現金	2017/01/17	2017/01/19-2017/01/19	2017/02/22
2016/08/23	2016/06	末期業績	股息：人民幣 0.0820（相當於港元0.095484）	現金	2016/10/28	2016/11/01-2016/11/01	2016/12/02
2016/08/23	2016/06	末期業績	特別股息：人民幣 0.4000（相當於港元0.465776）	現金	2016/10/28	2016/11/01-2016/11/01	2016/12/02
2016/02/02	2016/06	中期業績	股息：人民幣 0.0840（相當於港元0.099737）	現金	2016/02/18	2016/02/22-2016/02/22	2016/03/22
2015/08/26	2015/06	末期業績	股息：人民幣 0.0840（相當於港元0.101665）	現金	2015/10/28	2015/10/30-2015/10/30	2015/12/01
2015/08/26	2015/06	末期業績	特別股息：人民幣 0.1800（相當於港元0.217854）	現金	2015/10/28	2015/10/30-2015/10/30	2015/12/01
2015/01/05	2015/06	中期業績	股息：人民幣 0.0840（相當於港元0.106376）	現金	2015/01/16	2015/01/20-2015/01/20	2015/02/17
2014/08/26	2014/06	末期業績	股息：人民幣 0.0810（相當於港元0.101806）	現金	2014/10/23	2014/10/27-2014/10/27	2014/11/25
2014/01/02	2014/06	中期業績	股息：人民幣 0.0980（相當於港元0.12459）	現金	2014/01/15	2014/01/17-2014/01/17	2014/02/19
2013/08/20	2013/06	末期業績	股息：人民幣 0.0900（相當於港元0.113122）	現金	2013/10/23	2013/10/25-2013/10/25	2013/11/25
2013/08/20	2013/06	末期業績	特別股息：人民幣 0.1000（相當於港元0.125691）	現金	2013/10/23	2013/10/25-2013/10/25	2013/11/25
2013/02/21	2013/06	中期業績	股息：人民幣 0.1000（相當於港元0.123394）	現金	2013/03/06	2013/03/08-2013/03/08	2013/04/12
2012/08/20	2012/06	末期業績	股息：港元 0.1600	現金	2012/10/22	2012/10/25-2012/10/25	2012/10/31
2012/02/23	2012/06	中期業績	股息：港元 0.1800	現金	2012/03/07	2012/03/09-2012/03/09	2012/03/15
2011/08/25	2011/06	末期業績	股息：港元 0.1800	現金	2011/10/24	2011/10/26-2011/10/26	2011/11/02
2011/02/24	2011/06	中期業績	股息：港元 0.1600	現金	2011/03/09	2011/03/11-2011/03/11	2011/03/17
2010/08/31	2010/06	末期業績	股息：港元 0.1500	現金	2010/10/11	2010/10/13-2010/10/13	2010/10/21
2010/02/04	2010/06	中期業績	股息：港元 0.1700	現金	2010/02/22	2010/02/24-2010/02/24	2010/03/02
2009/08/26	2009/06	末期業績	股息：港元 0.1800	現金	2009/10/05	2009/10/07-2009/10/13	2009/10/14
2009/02/26	2009/06	中期業績	股息：港元 0.1700	現金	2009/03/12	2009/03/16-2009/03/19	2009/03/20
2008/10/23	2009/06	特別中期業績	特別股息：港元 0.8400	現金	2008/11/06	2008/11/10-2008/11/13	2008/11/14
2008/09/10	2008/06	末期業績	股息：港元 0.1300	現金	2008/10/02	2008/10/06-2008/10/13	2008/10/14
2008/09/10	2008/06	末期業績	特別股息：港元 0.2800	現金	2008/10/02	2008/10/06-2008/10/13	2008/10/14

例如附圖見到的合和公路基建（0737），過去十年每年派息兩次，無任何供股集資紀錄，過去十年每股派息累計超過4.4元，就算在2007年最高位（7元以上）買入，雖然股價在執筆時還未能返回「家鄉」，但是堅持收息至今仍是有賺。至於如何選擇理想價格買入，避免自己最高位「摸頂」，則於本章較後部份分享竅門。

篩選（5）：篩走向股東伸手要錢的企業

基本上企業向股東伸手拿錢只有一個情況，便是「供股」。供股跟派息是相對的，企業無錢，適逢股價低迷，所以企業便邀請所有股東按持股比例供股，以便企業以最低成本集資，以度過難關。簡單説即是企業伸手向股東拿錢，股東如不按比例供股，在公司的權益便會被攤薄。

由於我買股投資著重股息回報，應該是定期由企業「出糧」給我，而不需要我再加注投資公司，然後換來一些可有可無的碎股。如果企業有向股東伸手拿錢供股的前科，我預計將來企業再「缺水」時也會重施故技，以供股集資方式向股東收錢，這等於股東左手收股息，右手便要將口袋的錢透過供股送回給企業。如果不供股，我在公司的股權會被攤薄又失去低價增持的機會；供股的話，我的現金流便會減少，影響我可利用的資金。

如果企業過去十年內有一次供股集資記錄，我都不會考慮買入來長線持有收息。

快速檢查企業的供股紀錄

跟檢查派息方法一樣，如果企業有供股記錄便會一目了然。

派息記錄							派息類別 所有	
公佈日期	年度/賑正	派息事項	派息內容	方式	除淨日	截止過戶日期		派息日
2017/02/22	2017/06	中期業績	股息：港元 0.1300	現金/實物	2017/03/10	2017/03/14-2017/03/20		2017/05/19
2016/09/21	2016/06	末期業績	股息：港元 0.3100	現金/實物	2016/11/24	2016/11/25		2016/12/30
2016/02/23	2016/06	中期業績	股息：港元 0.1300	現金/實物	2016/03/11	2016/03/15-2016/03/18		2016/05/20
2015/09/24	2015/06	末期業績	股息：港元 0.3000	現金/實物	2015/11/20	2015/11/23		2015/12/29
2015/02/27	2015/06	中期業績	股息：港元 0.1200	現金/實物	2015/03/18	2015/03/20-2015/03/26		2015/05/22
2014/09/24	2014/06	末期業績	股息：港元 0.3000	現金/實物	2014/11/21	2014/11/24		2014/12/30
2014/03/14	-	特別報告	供股：3股供1股@港元 6.2000	-	2014/03/26	2014/03/28-2014/03/31		2014/04/17
2014/02/26	2014/06	中期業績	股息：港元 0.1200	現金/實物	2014/03/14	2014/03/18-2014/03/24		2014/05/23
2013/09/26	2013/06	末期業績	股息：港元 0.3000	現金/實物	2013/11/21	2013/11/22		2013/12/31
2013/05/02	-	特別報告	優先發售：每持有80股股份的完整倍數可認購1個新世界酒店投資及NWHICL股份合訂單位	-	-	-		-
2013/02/27	2013/06	中期業績	股息：港元 0.1200	現金/實物	2013/03/15	2013/03/19-2013/03/25		2013/05/22
2012/09/26	2012/06	末期業績	股息：港元 0.2800	現金/實物	2012/11/23	2012/11/26		2012/12/31
2012/02/29	2012/06	中期業績	股息：港元 0.1000	現金/實物	2012/03/16	2012/03/20-2012/03/26		2012/05/17
2011/10/18	2012/06	特別報告	供股：2股供1股@港元 5.6800	-	2011/10/24	2011/10/26-2011/10/28		2011/11/22
2011/09/29	2011/06	末期業績	股息：港元 0.2800	現金/實物	2011/11/24	2011/11/26-2011/11/26		2011/12/30
2011/02/28	2011/06	中期業績	股息：港元 0.1000	現金/實物	2011/03/18	2011/03/22-2011/03/28		2011/05/23

附圖顯示的是新世界發展（0017）的資料，新世界每年派息兩次，算是不錯，但是十年內供股兩次，每次要供金額都不少，可見新世界一有資金需要且股價低迷時，便傾向以供股集資，好處是大小股東都能以低價增持，但若小股東手上資金不足，便眼白白看著自己的股權被攤薄。

篩選(6)：檢查相關衍生工具買賣

藍籌指數股的股價波幅那麼高，很大程度是因為股份背後有很多衍生工具，最普遍的就是窩輪及牛熊證，大戶要控制衍生工具的輸贏，當然要成功操控正股股價才能做到。所以你買的股份，愈少相關衍生工具買賣，股份被大戶舞高弄低的誘因就愈低，這才能夠令你安心持有收息。

快速檢查股票背後的衍生工具

登入 aastocks 以下網址:

http://www.aastocks.com/tc/stocks/warrant/search.aspx

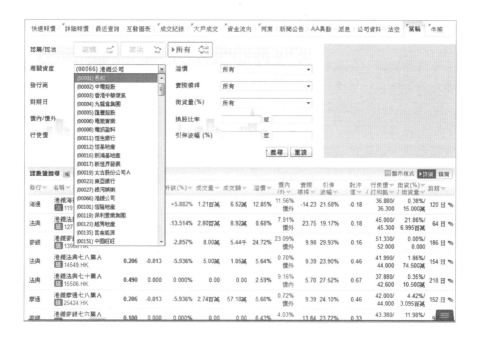

選「相關資產」便可看到可以炒窩輪的股份。這類股份,正如我一開頭的時候說過,應該用其他方法投資,而不是以「買入並持有」的方法處理。

篩選（7）：避開上市不足五年的新股

基金經理林少陽在一個價值投資的講座説過：IPO（新股集資）對於投資者來講是起點，但對於企業老闆來講是終點，因為把自己一手一腳創立的企業成功上市是很多老闆的夢想，夢想終於達到，不是終點是甚麼？

IPO有股價定價過程，把招股價定得愈高，企業所得到的錢便愈多。為了把估值提高，企業在上市前會盡量把盈利做好，加入一些大家覺得有機會賺更多錢的元素，務求推高估值。很多公司在招股書中提供的過去3至5年盈利紀錄非常亮麗，又承諾派息比率不少於某個百分比，意圖吸引小投資者認購。但近年，很多公司成功上市後，業績很快便見紅或大幅倒退，承諾的派息也因為很多原因而無法兑現。故此，我會待企業上市一段時間後才會去做研究，這可能會錯失一些機會，但總好過購入質素欠佳的新股！

完成以上篩選，已經很大程度地確保你買的股相對安全，至於能否穩定地幫你賺錢，便要進一步進行行業篩選。

1.3 選擇行業的學問

在香港基金界有「常勝將軍」之稱的首域投資總監劉國傑,曾在雜誌專訪中教路,指出「不要買阿豬阿狗都可以入場的行業」,他舉例指出地產行業,隨便買一塊土地開發就稱自己做地產。隨後我跟進首域發給基金投資者的通訊,發現首域基金表現優秀,跟基金主力投資業務簡單明確、容易預測現金流,入行門檻高的行業的股份不無關係。

(1) 選入場門檻高、具獨特性行業

我此後根據這種投資準則,只會投資入場門檻較高的行業,獨特性愈高就愈安全。例如證券交易所、核電、石油開採、鑽油台、天然氣供氣、機場、鐵路營運、大城市高速公路、衛星發射、碼頭、發電、電訊網路、供水、排污等。這些行業的共通點就是有錢也不是能夠隨便可以做生意的行業,任何民主國家對這些行業都會有一定程度發牌監管,所以盈利甚有保障,弄虛作假的風險也較低。

圖表 1.3　不是有錢便可隨便入場的行業

證券交易所	香港交易所（0388）
核電、發電	中華電力（0002）、香港電燈（2638）、華潤電力（0836）、中國電力（2380）、大唐發電（0991）、華能電力（0902）、華電國際（1071）、中廣核電力（1816）
石油開採、鑽油台	中國石油（0857）、中國海洋石油（0883）、中海油田服務（2883）
燃氣供應	中華煤氣（0003）、中國燃氣（0384）、新奧能源（2688）、華潤燃氣（1193）、港華燃氣（1083）、崑崙能源（0135）
機場	北京首都機場（0694）、海航基礎（主營海口美蘭機場）（0357）
專利交通	港鐵（0066）、廣深鐵路（0525）、載通（0062）
大城市高速公路	合和公路基建（0737）、江蘇寧滬（0177）、四川成渝（0107）、安徽皖通（0995），深高速（0548）、浙江滬杭甬（0576）、越秀交通基建（1052）
碼頭	招商局港口（0144）、中遠海運港口（1199）、廈門港務（3378）、大連港（2880）、天津港發展（3382）、秦港股份（3369）、青島港（6198）
電訊網路	中國移動（0941）、聯通（0762）、中國電信（0728）、香港電訊（6823）、數碼通（0315）、和記電訊香港（0215）、香港寬頻（1310）、中信國際電訊（全資經營澳門電訊）（1883）
衛星發射	亞太衛星（01045）、亞洲衛星（1135）
供水、排污	北控水務（0371）、光大國際（0257）、粵海投資（供應東江水）（0270）、雲南水務（6839）
屋村/屋苑商場	領展（0823）、置富房託（0778）
綜合基建	長江基建（1038）、電能（0006）、新創建（0659）、北京控股（0392）

（2）避開金融股及周期股

有讀者可能會問，銀行、保險金融股、賭業股、礦業開採應該也是准入門檻很高的行業，為甚麼不見出現於上述清單？原因是金融股業務及入賬方式複雜，一般小投資者難以明白其運作，所以我把金融股排除。

至於石油、煤炭、航運及礦業股，基本上每年能否賺錢派息，三分是靠自身、七分是靠天意。例如中海油（0883），它可以控制油田的開採成本、員工薪酬成本、原油的運輸成本，或者努力做多點宣傳增加生意，但任憑它的管理層如何能幹，如何努力，如果油價不停下跌的話，這家企業還是會虧損。相反地，在油價狂升的情況下，隨便經營也能賺大錢。

由於其週期性非常高，這類股份在行業的上升周期買中的話，基本上你隨便買任何一隻股份都能輕易賺錢，相反買錯方向的話，跌幅往往超越你的想像，很多散戶在行業周期由盛而衰，跌幅才剛開始的時候買入，結果就被牢牢套住，強制變成長線持有。

我見過不少散戶甚至專家在周期股的年報數據中鑽牛角尖，研究其市盈率（PE）、現金流、派息或管理層質素等。如遇上行業下跌周期，多出色的數據和人才都不能把公司股價起死回生。以華人散戶投資者只會長揸鬥長命而不會止蝕的慣性，如果你根本不能確定行業所處周期位置，那麼你連關注也不用了，直接買其他股票好了，免得自己傷腦筋。

(3)國企股存在完成國家任務風險

上述圖表中的股份，有很大部分都是國企股。國企的意思，即大股東是中國政府。中國政府成立企業第一目標，是為國家服務，上市集資是為了將資產變現及增強企業的競爭能力，所以賺錢並不是這些企業的首要目標。

大陸很多行業（例如：鋼鐵、航運、煤炭）產能過剩，每年不只見紅，更是出現巨額虧損，在外國早就破產清盤，還是我國政府強大，這些企業現在半生不活，可憐的股東只能慢慢等待行業見底回升。

最經典的例子是2010年中國鐵建（1186）因承建麥加輕軌嚴重超支，單一項目巨額虧蝕41.5億元人民幣。中鐵建當年營業額超過四千億，純利卻不足百億，幸好，中鐵建母公司（説白一點即是國家）承擔有關虧損，令中鐵建當年業績不算太難看，可謂成也國家、敗也國家；雖然我們已避開了周期股，但是仍然要警惕國企股要完成國家任務的風險。

(4)業務遍全球　加劇盈利及股價波動

有很多股民認為中電（0002）在香港發電，跟政府的議價能力強，派息每年相差不遠，以為是一隻很穩陣的股票，但有認真看過中電過去五年業績的朋友，便知道中電盈利在過去都大起大落。因為中電的盈利有約70%來自香港，其餘盈利則由大陸、印度、澳洲及東南亞等地貢獻。但外地的用電需求、電力政策、燃料供應等資料，香港的小投資者難以得知及分析。

圖表1.4　中電（0002）過去五年盈利表現

年度	12/2012	12/2013	12/2014	12/2015	12/2016
盈利增長(%)	-10.51	-27.09	85.17	39.52	-18.81
每股盈利	3.4500	2.4000	4.4400	6.2000	5.0300
每股盈利增長(%)	-10.62	-30.43	85.00	39.64	-18.87

資料來源：aastocks

除了中電，長江基建（1038）及電能實業（0006）近年大幅增加海外投資，尤以英國為甚。2016年英國脫歐，導致英鎊匯價大幅下挫，這令長建和電能的股價同年大幅插水，跑輸大市。

所以選有國際業務的股份，除了面對外地的經營風險外，就算業務增長良好，還要面對匯價波動影響盈利的風險，如果想安定地收息，還是選擇能見度較高的本地公司較佳。

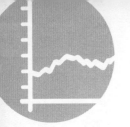

1.4 值得安心持有的 股份

經過以上多重的篩選,到底有甚麼股份可以留下來長期投資?以下我以板塊劃分,向讀者提供參考:

本地公用事業

· 中華煤氣(0003)　　　· 港燈(2638)

這兩隻股票,很多人都覺得是長者才買的,但看看過去五年股價紀錄,這兩股的表現遠勝恒指表現。相信與大市波幅大,大家對業務能見度高,定期派息的股份特別感興趣有關。

圖表1.5　煤氣(0003)、港燈(2638)過去五年跑贏大市

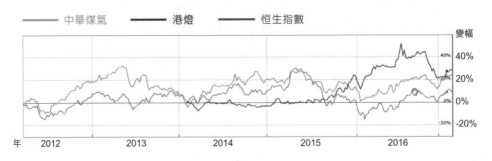

交通

· 港鐵（0066）

很多政黨年年都會抗議港鐵加價，覺得它的可加可減機制揾市民笨，有加無減；優惠小恩小惠之餘只維持很短時間，所以年年賺大錢。不要忘記，港鐵還有很多車站店舖及沿線商場有大量租金收入，況且新鐵路陸續開通，上蓋物業發展的潛力也是很強。

· 載通（0062）

載通是九巴和龍運專營巴士的母公司。過去十年，九巴的加價密度遠超對岸的新巴和城巴，以及自己旗下的龍運巴士。最近幾年隨著政府推出「長者2元乘車計劃」、巴士各區路線重組和九巴全線設有「到站時間提示」服務，相信坐巴士出入的乘客可望有不錯增長。另外，載通在巧明街的前車廠地皮發展在即，長遠可為載通帶來不錯的租金收入。

屋村屋苑的商場REITs

· 領展房產信託（0823）

領展是著名的公屋商場收租股，旗下有大量屋村商場和停車場收租。現在市面的樓價及租金高企，住在公屋租金不但遠比外面低，而且每年財政預算案通常都有公屋免租一個月政策，所以公屋的居民可支配的收入愈來愈高，消費力亦非常驚人。結果領展年年加租，出來抗議的商戶的聲音卻愈來愈少，因為商戶的生意增長也不錯。

· 置富房產信託（0778）

至於置富，雖然他的物業不是公屋商場，但是旗下商場都是位於長實屋苑，例如沙田第一城、麗城花園等，知名度雖不及領展，但性質類似，租客通常是銀行、超市、診所、補習社、酒樓餐廳等民生商戶，跟領展性質類似，但股息率較領展高。

上述兩家REITs都是租給民生相關的商戶，可避開旅遊、高檔消費等與經濟周期掛鉤的風險，可謂進可攻、退可守。不得不提是近年鈔票貶值，多了資金炒作REITS，如投資者不幸在高位才買貨，雖然可以慢慢收息回本，但相信會有點不高興。在稍後章節我會教大家如何避開在不合理價位高追。

本地電訊

· 和記電訊香港（0215）　· 數碼通（0315）　· 香港電訊（6823）

大家可有覺得每次為手機續約轉台的月費都不會比上次低？這是因為智能手機普及，每月數據愈用愈多，手機每隔兩年便會有新型號推出，又帶來換機的熱潮。我相信用戶花在手機的錢有增無減，電訊股股息一般有5%以上，投資在一些你喜歡的電訊公司收取股息交費是不錯的選擇。不過，電訊股的股價波幅相對上述幾類為高，要安心收息，首先要避免自己買貴貨和利用一些技術分析做些股價風險管理。

上述介紹的香港知名公司已有9家之多，都是Buy and Hold安心長揸的好股，分散買入，已經可以每年收到不錯的股息，並分享企業每年盈利增長的成果。

1.5 股價與股息雙收

香港人經常會說一句「有買貴，無買錯」—— 即是一項好的投資，無論用多昂貴去買也是正確的。

我以前的一個客戶陳先生，任職大學教授多年，在2016年學期完結後退休，拿了大概600萬元退休金，由於這位客戶本身已有物業，再買物業收租便要付額外的印花稅。他本想買些債券收息，但是他從未買過債券，所以就此作罷。買外國物業，他又認為隔山買牛，風險太高。陳先生最後問了一位早他5年退休的朋友，他買了100萬股越秀房託（0405），每半年收息15萬元左右，回報很好，也建議陳先生買來退休收息。陳先生見朋友的成功經驗，自己研究過越秀房託的物業也很優質，所以自己從4.7元開始分段買入越秀房託。直到股價升至5元左右便完成買入，總共也是買了100萬股。

可惜好景不常，越秀房託其後股價反覆下跌至4元左右，陳先生賬面損失了接近100萬元，悔不當初，如果他在股價下跌後才買入，相同金額可多買20萬股，股息收入可再增加不少。

事後問陳先生的朋友，越秀房託的平均買入價約是3.7元，比陳先生的買入價便宜。可見買入價主宰你投資的成敗，不過陳先生比較幸運，越秀房託股價大幅上升和下跌基本都是因為資金炒作，跟股份的基本因素無關。如果大家還記得本章一開始「的哥」的例子，「的哥」買入的滙控（0005）多年來，股價只有跌沒有升，便是因為滙控的基本因素變壞，例如北美業務持續虧損、歐美監管機構罰款等。

不認同「有買貴無買錯」

聰明的讀者當然會答：股息和股價要同時賺！這當然是非常正確的概念，但不少抱著「有買貴、無買錯」的投資者是不懂這個概念的，他們認為隨便買入有息收便可以。我強調的是，如果買股賺了股息，輸了股價，以致財富貶值是一件非常不高興的事。讀者如果要讓自己同時賺取豐厚的股息和股價的升幅，買股前要做不少功課以求選一個較佳的買入價，做好定期監察，適當時候善價而沽。具體做法如圖表1.6。

圖表1.6　賺息兼賺價投資策略

以合理價格買入		定期監視公司營運及基本因素
・平均股息率		・基本因素不變/改善可安心持有
・樂活五線譜		・基本因素變差必須離場

(一)以合理價格買入

記得我最初學投資的時候，看的投資書籍及報章專欄，專家都是教投資者利用市盈率（PE）及市賬率（PB）衡量股價高低，但經過多年的經驗，以股息率及「樂活五線譜」去判斷股價高低更客觀準確，所以我會為讀者介紹這兩個方法。

1. 平均股息率

多年前聽過曾淵滄博士在課堂上教同學買收息股的竅門，就是要等股價跌至股息率比較高的時候才去買貨會較為安全，例如領展房託（0823），曾博士認為低於4%便代表股價已被炒高，應在高於4%的時間才買貨。至於越秀房託，曾淵滄博士則認為股息率7%以上才值得買入。

股息率 = 全年股息／現時股價

小投資者對股份沒有甚麼認識的時候，其實難以自己判定股息率升至甚麼水平才是一個值得買入的區域，如自行釐定的話可能太過武斷。我建議讀者可使用「平均股息率」的概念，協助找出理想買入價。

原理很簡單，我會找出股份過去一年的每月高價，然後用每股股息逐一除這每月高價，然後將這十二個月股息率加起來除12以得出便平均股息率。我用領展作一示範：

 首先我們按以下連結到雅虎財經的「過去股價及派息」頁面下載歷史股價數據：

https://goo.gl/wqmD2C

圖表 1.7　領展（0823）股價及派息歷史數據

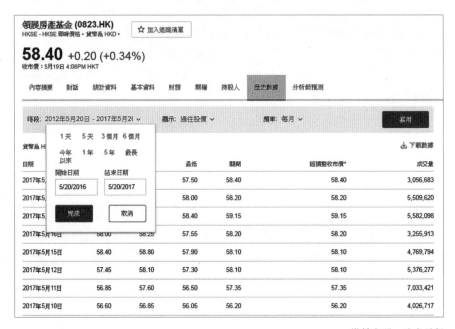

資料來源：雅虎財經

下載雅虎提供的試算表後，把全個試算表資料複製到我為大家準備的試算表excel 檔案。

我的平均股息率試算表下載連結：

https://goo.gl/3vrCnF

然後按圖表 1.8 指示貼上股價資料，並輸入股息資料（緊記特別股息不可以加進去，因為特別股息是非經常項目，今年有明年可能沒有，這會影響判斷），便會看到平均股息率資料。

特別股息非經常性

如果企業遇有一次性項目，例如變賣資產、合併等產生盈利，企業通常會將這些不是經常有的盈利派發出來與股東分享。為了便利股東分辨股息來源是跟日常盈利派發出來的股息有所不同，所以會叫做「特別股息」以作識別。

圖表1.8　我的平均股息率試算表

	A	B	C	D	E	F	G	H	I	J	K	L
1	Date	Open	High	Low	Close	Volume	Adj Close		股息率			
2	1/3/2017	54	54.05	52.1	52.35	5564900	52.35		4.05%		（2）在此輸入全年股息（不計特別股息）⇒	2.1894
3	1/2/2017	54.45	54.9	52.3	53.55	4441600	53.55		3.99%			
4	2/1/2017	50.4	53.8	50.4	53.15	3741300	53.15		4.07%		結果：	
5	1/12/2016	53	55	48.55	50.4	5821800	50.4		3.98%		平均股息率	4.40%
6	1/11/2016	55.5	56.1	50.8	53.4	7229800	53.4		3.90%		（3）看結果	
7	3/10/2016	57.15	58.3	54.25	55.3	5066200	54.1307		3.76%			
8	1/9/2016	56.75	58.2	54.75	57	4992300	55.7948		3.76%			
9	1/8/2016	57.9	58.1	54.5	56.4	4671700	55.2074		3.77%			
10	1/7/2016	52.8	58.3	51.85	57.9	5930400	56.6757		3.76%			
11	1/6/2016	47.7	54.25	46.65	52.8	6901000	51.6836		4.04%			
12	2/5/2016	47.15	47.95	45.75	47.75	3561200	45.7492		4.57%			
13	1/4/2016	46.05	48.8	45.1	47.15	3672900	45.1744		4.49%			
14	7/3/2016	44.25	46.95	43.75	46	5220700	44.0725		4.66%			
15												
16		（1）將雅虎下載的試算表資料貼在上格										

然後對比一下你在報價程式顯示的股息率，便知道現價是否值得買入了。

2. 曾氏通道及樂活五線譜

相信大部份香港的讀者都未聽過甚麼叫「樂活五線譜」，但講「曾氏通道」的話，相信有部份讀者聽過，但具體是甚麼則很多朋友也不太清楚。

首先介紹一下甚麼是「曾氏通道」。「曾氏通道」是曾淵滄博士早年發明出來，他應用了對數原理，將恒生指數的絕對點數化為比率，然後將已化為對數的恒生指數放入線性迴歸的統計模型中，便可以找到一條貫穿恒生指數長期趨勢的直線，這條直線就是線性迴歸線，它代表了恒生指數的長期走勢。

曾博士在這條中間的長期趨勢線上，再上下多畫兩條條趨勢線，分別是95% 樂觀線、75% 樂觀線、75% 悲觀線及 95% 悲觀線，這就形成了「曾氏通道」。

圖表 1.9　曾氏通道

恒指升穿95%樂觀線我們可視為股市見頂訊號，跌穿95%悲觀線便是見底訊號，過去二十年，「曾氏通道」成功在97年、00年及07年發出沽貨訊號，在98年、03年、08年及2016年發出撈底訊號，準確度非常高。

「曾氏通道」的準確率非常高，應用在大型指數上有很好功效，可是「曾氏通道」主要用來監視長期趨勢，20年來發出的買賣訊號少於10次，而且不適用於個股，故此便有一群來自台灣的朋友改良了「曾氏通道」，變成了「樂活五線譜」。

樂活五線譜網頁：

https://goo.gl/c2zOIT

「樂活五線譜」跟「曾氏通道」一樣，都設有五條直線，但主要採用個股3.5年的數據，並取消「曾氏通道」中對數的使用。有興趣深入研究的讀者可購買相關的書籍進一步研讀。我在這裡會示範一下怎樣去應用以避免自己高追摸頂。

步驟1：在「樂活五線譜」網頁中輸入四位數股份代碼再加「.hk」，比如要查詢越秀房託，便輸入0405.hk，其他預設的設定不用更改，然後按繪圖就可以。

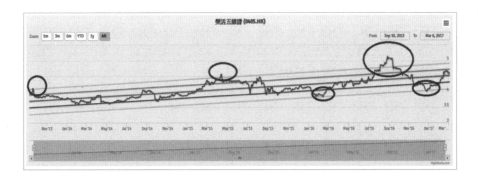

步驟2：便是直接看結果的時候了。

本節開初我告訴大家一位退休教授的故事，他買入的時候便是股價超越95%樂觀線的時候，如果他等一等，相信買入價會低很多。

「樂活五線譜」不但在越秀房託這股份成功告訴見頂訊號，在其他收息股也是屢建奇功：

圖表1.10　樂活五線譜應用於長江基建（1038）

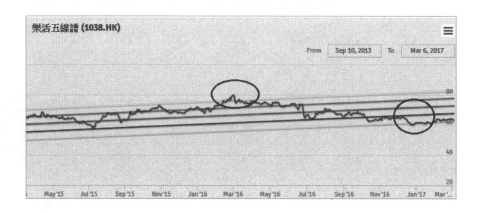

長江基建在2016年初被納入恒指成份股，股價從70元以下水平炒至80元以上，當時還有人看長建很快可見100元水平變成紅底股。結果及後因英國脫歐反覆下跌至60元水平，高低相差近20元。如不幸在高位買入，以2016年派息2.18元計，如果未來股價持續在此水平浮沉，需要近十年派息才能追回本金損失。

圖表 1.11　樂活五線譜應用於領展（0823）

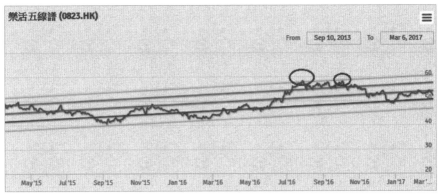

2016年7月中，大摩發表報告指領展目標價是60元，發表報告不久，領展隨即炒上，有朋友想買入問我意見，我看完領展在五線譜的位置，建議朋友多等一會，待股價調整再買入。及後，領展在半年內由最高58水平反覆調整至50元以下，高低相差8元，已是近3年的股息了。

（二）定期監察你買入股份的表現

如果你有子女的話，我相信你會定時跟進他功課及學業進度，每年到學校見一次老師了解一下他們在學校的表現，如有不對勁便要想想辦法讓子女重回正軌；如果你是老闆的話，你也會監察每位員工的出勤和表現，每年最少會做一次考核，看看他能否升遷或是否適合繼續留在公司為你效力。投資也是一樣，你應該視你投資的股票是你的兒女（正所謂

「親生仔不及近身錢」，既然都是你用血汗錢的投資，無理由不著緊）及你的員工（因為都是幫你賺錢，派息供你花費）一樣，也要定期監視他的一舉一動，萬一有甚麼不對路，便要馬上採取行動！

也許有朋友會問，我不是教讀者用低價買入後做長線投資嗎？很多退休人士打算一次過買入好的投資項目後便長期收息過活，不打算出售投資，但環境會變，我們仍然需要審時度勢。

太安樓與太古城／美孚新村

在港島東區的西灣河，老牌英資地產商香港置地在1968年建成了太安樓，這是三面環海而且有升降機的大型住宅項目，質素遠比附近的唐樓優勝，吸引了不少在附近船塢工作的船長及有錢人買入居住。不過太安樓管理及保養欠佳，地下商場有段長時間淪為類似九龍城寨的三不管地帶，一樓是老人院及迷你倉，樓上很多單位已變成品流複雜的劏房單位。雖然太安樓的樓價自1968年至今也升值不少，但樓價多年來的升幅遠遠跑輸在附近的太古城及樓齡相近的美孚新村。原因不外乎是因為最初樓宇的設計缺陷和大廈的管理問題，如果最初擁有太安樓的業主及早換樓到太古城或美孚，相信財富增值遠比繼續持有太安樓好得多。

長線價值投資的股神巴菲特，他在2001年以極低價買入中國石油（0857），及後在2007年，中石油的股價已升至不合理的水平，加上中國政府對石油企業開徵暴利稅（特別收益金），故此巴菲特全數沽售中國石油。

而香港首富李嘉誠也是一樣，做生意除了要生意本身賺錢外，更如買賣貨物一樣，如果生意能善價而沽，基本上甚麼生意也可以出售。例如2000年和黃出售Orange勁賺1,000億元便是一個經典例子。巴菲特和李嘉誠能夠成為首富，其中便因為他們不會買入資產後便不聞不問，任由資產無人駕駛。所以投資切忌抱殘守缺，基本因素變差或價格變得過份昂貴時，便應沽出套現，換入其他項目。

不應只看股票報價

我每天都會看手持股票的報價，手機報價程式有齊我買入的股份，任何時候都可以知道股票是升是跌。股票報價雖然是個重要的資訊，但這好比一個只會看子女成績表上考試分數的家長、一個只會看員工工資和交數能力的老闆，對其他事情不聞不問，這是無法全盤掌握你子女或員工的發展，這是一件很危險的事，因為你只能在子女成績下滑或員工跳槽的時候才會有所行動，這就太遲了。

所以除了看股價外，我還會了解自己公司的一舉一動。不過，上市公司不同你的子女或員工，不能夠直接觀察及溝通，所以我會做以下三件事情來確保自己了解自己投資的公司：

· 一年最少關注兩次公司業績：中期業績及全年業績。

· 定期瀏覽公司網站，看看公司的新動向。

· 設定好電郵，以便第一時間接收公司最新的新聞。

1. 關注公司業績

很多朋友認為企業年報艱深難明，很多專業會計字眼，應該是專家才需要看。其實現在的年報的內容已經比多年前的易明。作為小股東，我建議小投資者重點看自己明白的部份已經足夠。我們可以透過企業的業績報告，看到盈利增加還是減少，派息增加還是減少。最重要是可以看到公司管理層解釋去年的業績及業務展望、公司新計劃等。

例如香港寬頻（1310）的年報，圖文並茂，投資者可以像看雜誌一般了解公司業績和將來發展。

圖表 1.12　香港寬頻（1310）年報

如果投資者看看管理層在年報的説話，便可知道自己是否值得繼續持有股份，例如數碼通（0315）主席郭炳聯便在2016／17年中期業績寫道「宏觀經濟環境的挑戰增加，本港的流動通訊市場競爭仍然激烈。面對頻譜成本上升、客戶因持續轉用OTT互聯網服務而影響漫遊業務，以及手機業務放緩，公司預期2017年下半年的溢利將會受壓。」投資者投資主要是看未來，既然管理層已經預告業績不好，有很多投資者會先沽貨離場，待股價過殘或業績有改善時才再次買入。

圖表 1.13　數碼通（0315）發表2016/17中期業績後便反覆下跌

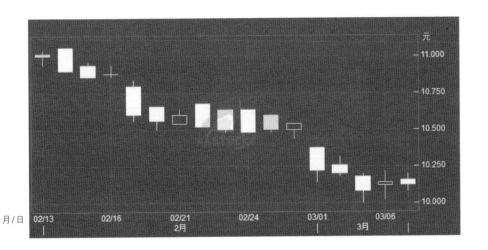

2. 定期瀏覽公司網站

上市公司加強與投資者溝通是大勢所趨，因為上市公司在IPO上市集資後便毋須還款，管理層有責任定期告知股東公司表現。但近年來投資者已不滿意一年只有2至4次的業績報告，希望可以多一點資料。

現在，很多有規模的上市公司都會有一個很好的網站讓投資者更加了解自己的公司，我再舉數碼通做例子，網站公布的中期業績，除了標準的通告外，投資者還可以看到管理層在分析員會議的PowerPoint投影片、網上錄影分析員會議的片段。

圖表1.14　數碼通（0315）網站有更多公司資訊

另外，深高速（0548）的投資者關係亦做得不錯，除了官方要求的每季業績外，還每月公布行車流量，以及每季的電子資訊、網上投資者交流會等，普通網友註冊一個帳號便可向管理層發問公司問題，並可以得到管理層即時回答，暫時未見有其他香港公司效法。

圖表1.15　深高速（0548）網站可與管理層交流

3. 善用 Google 快訊功能獲取公司資料

每天的財經新聞繁多，又未必每宗新聞也跟你的公司有關，但有時有些資料又很重要，萬一錯失後果可能很嚴重，所以我會用 Google 快訊功能，讓 Google 代勞，每天為我上網蒐集所有關於我投資的股份的所有新聞，一站式打開電郵便可看到新聞，方便快捷。

快訊連結：

https://goo.gl/NdzHY3

進入頁面

接著便輸入你買入股票的名稱,例如「長江基建」,設定好google蒐集的地區及發送報告給你的頻率,便可以按「建立快訊」。

設定好後，Google便會每天發送關於「長江基建」的新聞給你。

本章最後，我再將我的選取長期持有收息股心得歸納如下：

1. 選擇非指數股

2. 五大基本篩選：核數師、盈利、派息、供股紀錄及避開上市不足五年新股

3. 選擇行業准入門檻高的行業

4. 在合理價格買進：應用平均股息率及樂活五線譜

5. 定期監察股份表現：留意公司業績、公司網站及Google快訊

我買股的心得其實不是很複雜，讀者只需跟著上述指示按部就班實行就可以了，今天開始將它們潛移默化，變成你的買股投資習慣吧！

Chapter 2
以藍籌股
自製穩贏策略

2.1 大戶舞弄
重磅股波幅原因

上一章分享過一位的士司機，月供了滙控（0005）10年，最後終於儲得40,000股滙控，每月平均收股息13,000元，便提前宣布自己退休。

以現今香港衣食住行的生活水平，每月13,000元可謂過得相當刻苦，萬一滙控有任何突發事件引致減少派息及不能派息，這位仁兄便要重新出來工作了。但如果這位的士司機每月拿他的股票出來做期權交易，每月可多收比股息多很多倍的期權金，生活肯定可以變得寫意很多。我認識能善用手上股票做期權的朋友，每年多收20%回報是一件很平常的事。

香港有很多知名的藍籌股，業務和估值都良好，但投資者持股多年回報都不太滿意，是有箇中原因的。

中國移動由增長股變公用股

中國移動（0941）在1997年10月上市，當時中國大陸的流動電話覆蓋率遠遠低於發達國家，所以上市的頭10年，中國移動每年的盈利增長均達

到雙位數。近年由於流動電話日趨普及，加上用戶習慣改變，中國移動每年的盈利均持平或以低單位數增長，雖然增長不高，但因為中國移動勝在有壟斷優勢，盈利及派息均很穩定。不過，從圖表2.1看中國移動過去幾年的股價表現又不是太平穩，不太反映他的「公用股」特質。

圖表2.1　中國移動（0941）股價表現

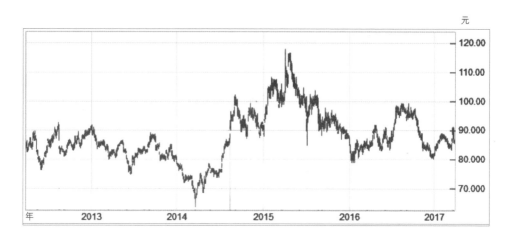

很多人說因為中國移動是恒指成份股中的重磅股，所以中國移動股價經常被大戶「移動」以求操控指數，然而有很多不如中國移動重磅的成份股，每年股價也是大幅震盪，所以除了操控指數外，還有一些散戶不太注意事項。

指數股近年波幅愈來愈大

企業每天出的新聞及公告多不勝數，很多大行均有專人監察及定期撰寫分析報告，然後決定買入及沽出的方向。大家研究出來是好股的話，大量資金會一致買入。相反，如果大家的共識是前景不好，便會一起沽貨。所以，藍籌股的基本分析在大部分時間均已在股價上反映。

圖表2.2　投資銀行定期發表藍籌股分析報告

騰讯控股(00700)				香港交易所(00388)			
覓 通 已休市 03-31 16:08				覓 通 已休市 03-31 16:08 股代息			
2013	末期股息港币1.2元		2014-05-30	2014	末期股息港币2.15元,可以股代息		2015-06-05
2012	末期股息港币1元		2013-05-30				
机构评级				机构评级			
机构名称	最新评级	目标价	日期	机构名称	最新评级	目标价	日期
高盛	买入	248.00	2017-03-30	摩根士丹利	持有	190.00	2017-03-17
摩根士丹利	买入	255.00	2017-03-30	野村国际	卖出	160.39	2017-03-16
瑞士信贷	买入	261.00	2017-03-24	株式会社大和	买入	232.00	2017-02-28
花旗集团	买入	260.00	2017-03-23	野村国际	卖出	160.95	2017-02-28
美林	买入	259.00	2017-03-23	汇丰银行	买入	230.00	2017-02-28
野村国际	买入	260.00	2017-03-23	花旗集团	卖出	150.00	2017-02-28
高盛	买入	248.00	2017-03-23	德意志银行	--	170.00	2017-02-28
株式会社大和	买入	260.00	2017-03-23	摩根士丹利	持有	190.00	2017-02-27
中金证券	买入	260.00	2017-03-23	高盛	持有	185.00	2017-02-27
摩根士丹利	买入	255.00	2017-03-23	中金证券	买入	247.00	2017-02-21

很多藍籌股會選擇在中午休市時公布業績，大量大戶均會在中午分析業績。很多朋友想請教我怎樣分析藍籌股的業績，其實業績是好是壞，下午一點鐘看看報價機就行，因為股價很快會反映出來，例如2017年3月23日，中國移動中午發出全年業績後，下午股價便馬上急跌超過3%。由於有大量大戶的注視，股份有任何消息，大戶均會第一時間行動，所以股價經常會頻頻波動。

圖表2.3　中國移動（0941）中午公布業績後急跌

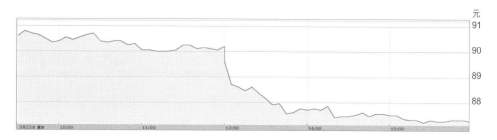

大戶利用股市波幅賺多筆

大戶除了透過把股價舞高弄低賺錢外，還會開賭吸引散戶落注賭博「買大細」。香港現時只有馬會可以合法開賭，供馬迷及球迷投注博殺。香港的大戶雖然不能開賭，但是他們開了一門更加邪惡的玩意，就是「窩輪」。

讀者隨便在Google搜尋「窩輪」、「輪商」這些字眼便可以找到小投資者在窩輪市場損手的可怕經歷。

圖表2.4　小投資者在窩輪損手的相關新聞

為什麼投資窩輪及牛熊證的人多數輸多贏少? | Yahoo 知識+
https://hk.answers.yahoo.com/question/index?qid=20110725000051KK01032 ▾
最佳解答: 無人渣warrant 果時, 正股升1格, war 可能升10格. 一旦有人渣住war既時候, 正股升1格, 甚至2
格, war 都可以升好小, 甚至吾升的... 價格係由發行商及街客供求 ...

再次奉勸大家, 唔好再買牛熊證, 沔生工具(轉貼) - Baby Kingdom - 親子王 ...
www.baby-kingdom.com/forum.php?mod=viewthread&action=printable&tid... ▾
真正牛熊証玩法就好似去賭場買大細, 等所有人落晒注之後, 個庄用手擺骰仔, 就睇邊番小人買就開邊 ......
第一招: 開價款慢板窩輪市場奉行庄家制, 跟股票的玩法有別。

買窩輪輸身家雜工:唔好貪心| 蘋果日報| 要聞港聞| 20081030
hk.apple.nextmedia.com/news/art/20081030/11782368 ▾
2008年10月30日 - 舊年股市好我專炒窩輪, 貪佢可以以小博大。」有10年投資經驗的Jimmy過往只買 豐
等大藍籌收息, 屬於穩陣一族, 去年中股市暢旺, 他改買窩輪, 「 ...

頭條日報頭條網- 炒窩輪輪死你
news.stheadline.com/dailynews/headline_news_detail_columnist.asp?id=8744... ▾
2006年8月21日 - 最後寫到「買層樓自住, 逼自己儲錢供樓, 總好過賭馬、賭波、賭股輸清光」。 ... 後
來出現備兌認股證, 即是公司以外的第三者, 發行掛鉤公司的窩輪, 等 ...

既然小投資者買窩輪輸多贏少，輪商也因此賺取暴利，那麼我們調轉自己的身份，做發行窩輪的輪商理論上便可以將這敗局扭轉。

小投資者當然難以自己開檔做輪商發行窩輪，但只要認識期權的運作原理和風險管理，就算小投資者也可以自己做莊去賺這些錢。

2.2 掌握期權基礎 學「做莊」

有些投資專家在其投資專欄指出，有貨的投資者做期權，每年可安心賺20%回報，而且絕對不是高風險「博命」。不過，由於專欄篇幅限制，只能以寥寥數百字介紹運作，很多朋友未能掌握這20%到底是怎樣產生，我在這一章會清楚說明期權市場運作的原理和具體的操作方法。

期權：有期限權利的合約

如果大家有買過樓或一些高價值的產品，例如汽車、酒席等，通常不會在決定買的一刻便支付全數，而是會先「落訂」，即是買家跟賣家簽訂合約，訂明成交日期及成交金額，然後買家向賣家支付訂金，在成交日期支付餘下全數。如果買賣合約沒有訂明「必買必賣」條款，買家是有權不成交，而賣方則沒收買家已支付的訂金。

即是說，買方付出訂金後，便有權在指定時間買入對方資產，即是買入和不買入的話事權全在付出訂金的買家，而收訂金的一方則一定要賣出物業或貨品，否則便需要賠償買家雙倍訂金。

基本上，只要支付了訂金，便有買和不買的權利，這便可看作期權了。

有 **限期** 的 **權利** 的 合約

不過相對物業買賣，股票市場的期權發展遠比物業市場複雜，因為在物業市場，看樓價升的人才會付訂金買入單位，但在股市，你既可以買升，也可以買跌。

圖表2.5　期權可買升和買跌

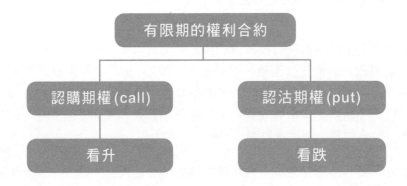

買入或賣出認購期權

看升的人買入認購期權合約，叫做「Long Call」；相反，賣出認購期權合約的一方，叫做「Short Call」。

Long Call 的一方需要付出期權金，有利時才選擇是否行使購入股票的權利。他們有權利但無責任行使這份認購合約。

Long Call 的最大損失就是買入認購期權合約時付出的期權金。以剛才買樓的例子理解，便是付了訂金（期權金），最後不去完成交易，損失的就是全部訂金了（期權金）。

Short Call 的一方便只能收取有限的期權金，當期權被對家（Long Call 投資者）行使，就必須履行合約責任，按合約價格賣出股票給對家。如期權到期日或之前均無人行使，這期權便會變成廢紙，Short Call 人士就賺盡期權金。

圖表2.6　認購期權的運作

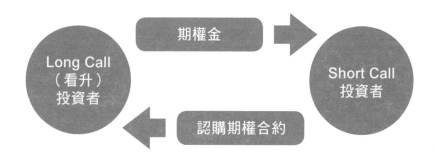

買入或賣出認沽期權

看跌的人買入的叫認沽期權合約，叫做「Long Put」；而賣出這份認沽期權合約的一方，叫做「Short Put」。

Long Put的一方需要付出期權金，有利時才選擇是否行使沽出股票的權利。他們有權利但無責任行使這份認沽合約。Long Put的最大損失就是買入認沽期權合約時付出的期權金。

相反，Short Put的一方最高的收益只限所收取的期權金，當期權被對家（Long Put投資者）行使，就必須履行合約責任，按合約價格買入對家賣給你的股票。如期權到期日或之前均無人行使，這期權便會變成廢紙，Short Put的人士賺盡期權金。

圖表2.7　認沽期權運作

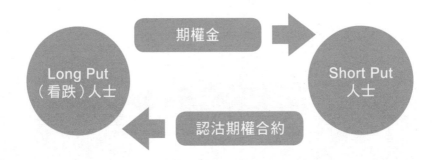

做沽家的一方風險較高

剛才講過，不論 Long Call 及 Long Put，付出期權金後便可選擇行使或不行使權利，如果目標股票不到價，Long 期權的可選擇不行使，最高損失只限付出的期權金。相反，Short 期權的一方收了期權金後便需要履行責任，Short Call 的一方被對方行使後，便需要將手上的股票以預定的股價供對方行使認購權，股價日後升至飛天跟 Short 的一方毫無關係。

而 Short Put 的一方被對方行使權利後，便需以預定的股價買入對方沽出的股票，萬一股價一瀉千里，做 Short 的一方也別無選擇地要買入股份，可謂損失慘重。

做買家的一方回報可以無限大

不論 Short Call 或是 Short Put，最高回報永遠限制在所收取的期權金。而 Long Call 及 Long Put 則是一本萬利，買中邊的回報理論上是無限大。

圖表2.8　認購及認沽期權風險及回報比較

		風險	回報
買入	認購期權	有限 （最高虧蝕＝付出期權金）	無限（股價向上升幅可以是無限）
	認沽期權		極高（股票下跌，最低只能是跌至零）
沽出	認購期權	無限（如無貨在手，股價升飛天時需要高價買貨給對家行使）	有限 （最高回報＝期權金）
	認沽期權	極高（接貨後股價可以跌至零）	

大家看了我上述的分析，是不是也認為Long的一方風險低回報高，而Short的一方風險高回報低？市場上很多小投資者都明白上述的邏輯，所以都傾全力研究怎樣透過Long期權，以求一本萬利，盡快脫貧，但是弔詭的是，大戶選擇自己的位置竟然是做Short：風險高回報低的一方。

輪商擔當沽家的一方

讀者平時如果有留意財經新聞，就會經常看到電視上出現財演及輪商的俊男美女職員，很專業地向電視觀眾推介投資各式窩輪，誠心誠意希望小投資者買輪發達的樣子。在窩輪的世界裡，輪商賣給散戶的認購證（Call輪）即是期權世界內的Long Call；而賣給散戶的認沽證（Put輪）便是期權世界的Long put。輪商的角色就是Short Call和Short Put。

很多人認為買窩輪輸錢是因為被輪商的不公平規矩玩死，企圖轉戰期權市場以求得到更公平的買賣環境，但最終都是鎩羽而歸，這是因為很多企圖「刀仔鋸大樹」的朋友根本不明白期權的遊戲規則。

圖表2.9　影響期權價格因素

影響期權價格因素	因素變動	認購期權金變動	認沽期權金變動
正股價	⬆	⬆	⬇
行使價	⬆	⬇	⬆
距離到期日時間	⬆	⬆	⬆
股息	⬆	⬇	⬆
利率	⬆	⬆	⬇
波幅	⬆	⬆	⬆

資料來源：港交所網頁

正如圖表2.9顯示，影響買入（Long）期權能否賺錢的因素有很多，我再舉一個例子，大家便知道期權long的一方要「一本萬利」的難度到底有多大。

圖表2.10是港鐵（0066）在2017年3月10日的中午的即月認沽期權的手機交易畫面。港鐵當日中午的收市價是41.9元，小投資者看淡港鐵的話，我們可以買入不同行使價的認沽期權，距離現股價愈近，期權金就愈高，距離現股價愈遠的期權金便愈低。因為不足一個月內，港鐵正股由41.9元跌至41元的機會遠遠較跌至39元的機會高很多，所以以Long Put選41元行使價的期權金是0.26元，而39元行使價的期權金只需0.05元。

圖表2.10　港鐵（0066）即月認沽期權手機交易畫面

HKSO (香.. ▼	00066.MTR (港.. ▼	2017-03 ▼		
MTR	(0%)	淨倉: 0		
港鐵公司				
開市　　　最高		總成交		
前收市　　最低		未平倉		
		41.90		
淨 Delta: 1.04	C: 0.00	P: 1.04	S: 0.00	

認購期權		(合約值: 500) 當中 行使價	認沽期權	
買入	沽出		買入	沽出
- ‑	- ‑	39.00	0.01 (156)	0.05 (60)
1.87 (61)	2.00 (30)	40.00	0.06 (35)	0.10 (60)
1.05 (35)	1.13 (35)	41.00	0.21 (35)	0.26 (66)
0.44 (66)	0.51 (35)	42.00	0.59 (65)	0.66 (66)
0.14 (96)	0.19 (35)	43.00	1.24 (60)	1.36 (91)
0.03 (156)	0.08 (60)	44.00	- ‑	- ‑
- ‑	0.05 (121)	45.00	- ‑	- ‑
- ‑	0.04 (91)	46.00	- ‑	- ‑
- ‑	0.04 (91)	47.00	- ‑	- ‑
- ‑	- ‑	48.00		

假設我我用最後花了0.05元買了港鐵這個39元行使價的Put，雖然期權金很便宜，但要贏大錢的話，港鐵便要在短時間內下跌超過3元至39元或以下，雖然不可排除其可能性，但難度甚高。但是這個期權變成廢紙的機會比賺大錢的機會高很多倍，原因是：

1. 方向不似預期：如果港鐵股價向相反方向走，不但不下跌，而且上升。

2. 股價牛皮，沒有方向：由於期權金內包含有時間值，如果正股股價牛皮，就算正股不升，期權金內的時間值會隨著越接近到期日而不斷消耗。而且時間值消耗的速度還會不斷加快。

3. 跌幅不似預期：就算港鐵真的如你所料，股價向下，但只要港鐵的股價跌幅不夠勁，未能在期權到期日前跌穿39元，這期權也是會變成廢紙。

圖表2.11
買入認購期權（Long Call）回報

正股走勢		結果
跌		輸
牛皮		輸
升	升幅不多	輸
	升幅強勁	贏

圖表2.12
買入認沽期權（Long Put）回報

正股走勢		結果
升		輸
牛皮		輸
跌	跌幅不多	輸
	跌幅強勁	贏

可見不論買期權或窩輪，除非是單邊勁升或勁跌，否則最經常發生的情況就是Long的一方最終輸光全部期權金。由於華人自古以來賭性異常強烈，而且不是「小賭怡情」，而是「一注獨贏」，經常大注去做投機賭博，不成功便成仁，所以經常有人因為窩輪投機而弄得傾家蕩產。

由於發行窩輪有利可圖，輪商紛紛進駐香港，所以香港多年來均保持「世界單一最大窩輪市場」這美譽，每日窩輪的成交佔大市總成交超過10%，可謂非常誇張。

六合彩獎券基金長勝40年

2016年3月，馬會為慶祝六合彩四十周年，破天荒推出了一億元金多寶，如頭獎一注獨得，幸運兒便可得到一億元彩金。結果六合彩馬上成為全港市民茶餘飯後的話題，全港投注站在搞珠當日更大排長龍。該日投注額達到破紀錄的4.5億元，扣除派出的彩金，預計獎券基金當日進賬超過三億，令更多慈善機構受惠。

既然開賭做莊長遠是能夠賺錢，那就事不宜遲，馬上開始講解Short Call及Short Put的竅門及技巧吧！

2.3 「做莊」沽貨接貨 同樣賺

買入認購期權（Long Call）的一方可在到期前向認沽（Short）的一方行使買貨權利，以期權行使價買入對方手上的股票。為確保Xhort的一方不會走數，券商會要求short的一方手上有足夠的股票。而賣出認沽期權（Short Put）的一方由於需要接認購認沽期權（Long Put）一方行使權利沽出的股票，所以券商會要求做Short Put的一方要有足夠的按金在手，以便接貨。

圖表2.13　做沽家要履行的責任

	要履行的責任	要求
Short Call	將手上的股票賣給對家	要有足夠股票在手
Short Put	買入對方沽出的股票	要有足夠的按金買入對方的貨

Short Call = 設定有錢賺的限價盤

我身邊有很多朋友都在很低位便買了騰訊（0700），他們賬面上獲利以倍數計。各位讀者不要太羨慕這班在騰訊獲利超過一倍的人，因為他們一天沒有套現，一天還是紙上富貴。最要命的是，騰訊一年只派息一

次，而且派息不多，2017年每股末期息只有0.67元。有朋友手持10,000股騰訊，賬面總值超過200萬元，但每年收股息不足7,000元，比做港元定期存款還要低。

如果這位朋友不想賣掉持股，可將自己手上的股票拿去做Short Call「收租」。

圖表2.14是2017年4月3日中午騰訊的期權報價。如果小投資者認為2017年5月底騰訊見270元的機會很低，做Long Call以0.29元買入一張270元的認購期權，最終這張認購期權變成廢紙的機會是非常高。所以我們既然手上有騰訊正股在手，可以選擇做Short的一方，沽出一張行使價是270元的認購期權，收取期權金0.21元。

圖表2.14　騰訊（0700）認購期權報價

HKSO (香.. ▼	00700.TCH (騰.. ▼	2017-05 ▼		
TCH	(0%)	淨倉: 0		
騰訊控股				
開市 前收市	最高 最低	總成交 未平倉		
		223.80		
淨 Delta: 0.00	C: 0.00	P: 0.00	S: 0.00	
‹ 認購期權		(合約值: 100) 置中 行伸價	認沽期權 ›	
買入	沽出		買入	沽出
6.67 (70)	7.35 (20)	225.00	7.70 (10)	-
4.89 (72)	5.20 (72)	230.00	- -	-
3.47 (81)	3.64 (61)	235.00	- -	-
2.38 (63)	2.55 (61)	240.00	- -	-
1.65 (111)	1.78 (61)	245.00	- -	-
1.11 (118)	1.24 (61)	250.00	- -	-
0.74 (173)	0.86 (61)	255.00	- -	-
0.49 (61)	0.60 (61)	260.00	- -	-
0.32 (61)	0.42 (61)	265.00	- -	-
0.21 (61)	0.29 (61)	270.00	- -	-

如果讀者覺得我以上的說明太複雜的話，可以將 Short Call 這個概念看成找經紀設立一個270元限價盤，如手上的騰訊到了270元，經紀的電腦便會自動幫你將騰訊賣出。不過，你向經紀設立這個270元限價盤是沒有錢收，但是以 Short Call 的形式設立這個限價盤，不論這個限價盤是否被執行，你也可以收到每股0.21元的期權金。

圖表2.15　Short Call 騰訊（0700）的回報與責任

五月底騰訊股價的表現	收取的期權金	需履行的責任
不能升穿270元	0.21元	沒有
升穿270元	0.21元	以270元將手上的騰訊沽出

五月底騰訊升不穿270元的話，每股0.21元期權金便袋袋平安，如此一年重複設立六次 Short Call「限價盤」，收到的期權金便高達1.2元，以朋友持有10,000股計，一年便可多收12,000元，遠比每年收的股息為高。如果讀者認為選擇做270元行使價 Short Call 太過保守的話，可以選擇行使價近一點的認購期權，例如行使價260元的認購期權，能收到的期權金（0.49元）便比行使價270元的期權金（0.21元）多出一倍。

如果騰訊真的在五月底升穿270元會如何？那麼你手上的騰訊便會被 Long Call 的人士以270元買走。最大風險就是你被對家以270元買入你的騰訊後，你沒有再買回股份，而股價則像火箭一樣繼續上升，你就會眼白白看著正股上升而你沒有貨在手，享受不了股份日後的升幅。

Short Put = 自製銀行ELN

Short Put策略同樣是收取期權金，但交易前需要準備現金等接對家的賣給你的股票。我以港鐵（0066）作為例子。

2017年3月10日港鐵股價報41.9元。很多小投資者可能選擇直接買入港鐵正股，但是港鐵的股價有時很牛皮，每日上落不大，所以除了直接買入港鐵正股外，投資者還可以選擇用Short Put形式去買入港鐵。

圖表2.16　港鐵（0066）期權報價

HKSO (香.. ▼	00066.MTR (港.. ▼	2017-03 ▼		
MTR 港鐵公司	(0%)	淨倉: 0		
開市 前收市	最高 最低	總成交 未平倉		
		41.90		
淨 Delta: 1.04	C: 0.00	P: 1.04	S: 0.00	
＜ 認購期權		(合約值: 500) 當中 行使價	認沽期權 ＞	
買入	沽出		買入	沽出
- -	- -	39.00	0.01 (156)	0.05 (60)
1.87 (61)	2.00 (30)	40.00	0.06 (35)	0.10 (60)
1.05 (35)	1.13 (35)	41.00	0.21 (35)	0.26 (66)
0.44 (66)	0.51 (35)	42.00	0.59 (65)	0.66 (66)
0.14 (96)	0.19 (35)	43.00	1.24 (60)	1.36 (91)
0.03 (156)	0.08 (60)	44.00	- -	- -
- -	0.05 (121)	45.00	- -	- -
- -	0.04 (91)	46.00	- -	- -
- -	0.04 (91)	47.00	- -	- -
- -	- -	48.00	- -	- -

圖表2.16是2017年3月10日中午港鐵的期權報價。如果大家手上沒有港鐵，可選擇做41元或42元的Short Put。做41元的Short Put可看成你找經紀設立一個41元限價買入盤，如港鐵正股的股價月底跌低於41元，經紀的電腦便會自動幫你用41元買入港鐵。不過，你向經紀設立這個41元限價買入盤是沒有錢收，但是以Short Put的形式設立這個限價盤，不論這個限價盤是否被執行，你也可以收到每股0.21元的期權金。

圖表2.17　Short Put港鐵（0066）的回報與責任

三月底港鐵股價的表現	收取的期權金	需履行的責任
不能跌穿41元	0.21元	沒有
跌穿41元	0.21元	以41元買入港鐵正股

港鐵的鐵路生意每年只會加價不會減價，再加上其地產收益豐厚，就算以41元接了貨也可以長期持有，並反手每月做Short Call收期權金和半年一次的股息。如果一路都接不到貨，便繼續每月做Short Put。如果每月做Short Put均能夠收到期權金0.2元左右，一年便可收取期權金超過2.4元，即是每年多一筆特別股息。

十多年前銀行開始流行推銷客戶做股票掛鈎存款（ELI及ELN），其實跟做Short Put有異曲同工之妙，只要股價不跌穿指定水平便毋須接貨，分別是銀行要賺高額佣金，比例佔投資者可收取的期權金超過一半，「食水」很深。

2.4 「做莊」股票的選擇

我在本章開始便說做輪商做莊幾乎穩賺不賠,所以十年來愈來愈多大行、券商甚至銀行加入發行窩輪的行列,散戶要買輪投機多了不同的輪商選擇。不過,近年輪商的暴利程度不及早年興盛的時期,主要因為:

1. 市場營銷開支高昂

輪商經常一擲千金在各大傳播媒介,線上線下都會見到輪商不斷推介他們精選的窩輪,更以高薪聘請一些知名人士撰寫報章專欄、主持節目及座談會,以吸引散戶投注,每月花在廣告宣傳的開支不菲。

2. 合規開支增加

金融海嘯後,證監會大幅收緊對金融業的監管,繼續經營的輪商需收到證監會和港交所更嚴厲的監管。合規、內部監察、匯報等成本預計會一路上升。

3. 不能選擇股票、行使價及到期日

輪商打開門口做生意，貨架當然要有齊各種散戶經常炒賣的股票窩輪供散戶投機，既要有call輪，又要有put輪，又有不同的行使價及到期日。當然有些組合對輪商有利，有些不利於輪商的組合，輪商也要硬著頭皮推出市場。

作為小投資者，沒有上述輪商面對的問題，我們最重要的優勢是可以選擇是否開莊「做生意」。如果你當月沒有時間、或者沒有心水，你可以選擇不開莊，等到對自己有利的時候才去開莊做Short；我們也可以選擇贏面較高的股票去做，也可以按自己需要選擇做Short Call或Short Put，而行使價和到期日都可以自己選擇。既然我們是有選擇的話，當然要選擇對我們最有利的組合。

圖表2.18　小投資者「做莊」的優勢

	輪商	小投資者
開莊	無得揀	有得揀
做莊的股票	無得揀	有得揀
Short Call/Short Put	無得揀	有得揀
行使價	無得揀	有得揀
到期日	無得揀	有得揀

波幅太大股份「做莊」不划算

我們再看看2017年4月3日的騰訊（0700）五月期權報價，Short Call的期權金最高只有6.67元，而Short Put的期權金最高只是7.7元。收取的期權金最高也不足10元。然而，騰訊在2016年尾至2017年3月底的波幅竟達50元。

圖表2.19　騰訊（0700）三個月內波幅達50元

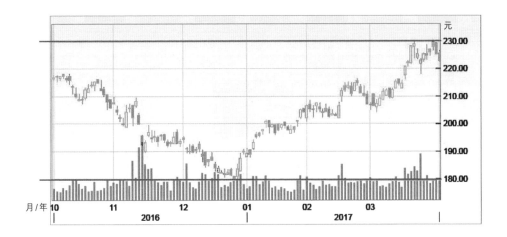

騰訊短短3個月上下波幅達到50元，這是一個怎樣的概念？舉一個例子，你在騰訊的低位Short Call，手上的正股在200元以下被對家call走，接著騰訊的正股繼續上升，直升至230元水平，相信你會很後悔為了幾元期權金收入而失去了超過三十元的股價升幅。

Short Put 也是相同的道理，如果你在相對高的位置接貨，接著便面對超過20元的跌幅，雖然騰訊往後恢復升勢，但相信中間揸價過程的感覺也是不太好受。

騰訊由於股價的波幅大，無論 Short Call 或是 Short Put，做錯的話，期權金收入遠遠不及股價上的損失。

要避免這些情況發生，我們應該選取股價波幅較低的股票去做這個期權收租策略。要理解怎樣的波幅為之高、怎樣為之低？我們可以從「引伸波幅」這個統計來入手。

以引伸波幅判斷

波幅是指在特定期間內股份價格變動的幅度。波幅並不衡量股價升跌方向，它只衡量變動的幅度。如果正股的價格經常突然大幅上落，投資者就可以預期波幅將會上升。相反，如果正股處於牛皮狀態，波幅就會下跌。由於期權金的定價包含了股價波幅的因素，我們從期權金推出的波幅便成為「引伸波幅」。有部份股份波幅特別高，例如石油股、資源股、水泥股及賭業股，股價上落驚人，投資者持有這類股份應當以炒上落為主，以免賺了期權金卻在股價上吃虧。

相反，我們可以在一些有波幅但波幅不太驚人的股份入手，我建議大家可考慮 Short 下列股份：

圖表2.20　引伸波幅相對較低的股份

金融類	綜合企業	公用股	ETF
滙控（0005）	長和（0001）	中電（0002）	南方A50（2822）
恒生銀行（0011）	太古A（0019）	煤氣（0003）	恆生H股（2828）
建行（0939）		電能（0006）	盈富基金（2800）
友邦保險（1299）		港鐵（0066）	
工商銀行（1398）		中國移動（0941）	
中銀香港（2388）			
中行（3988）			

「做莊」賺期權金實際步驟

第一步：開戶

我過去半年開了三次股票期權入門班，都會建議同學在課堂學會期權基本知識後，應盡快開戶自行嘗試操作。比如剛剛提過持有10,000股騰訊的朋友，最初不夠信心操作，只用其中500股來做Short Call吸取經驗，他試了幾個月，掌握了運作方法，便拿其他股票來做Short Call，每月都賺到不錯的期權金。

香港絕大部分銀行都沒有股票期權產品。開戶方面，讀者應到各大證券行，要求開立兩個賬戶：股票賬戶及股票期權賬戶。如果你現存的股票是放在銀行的話，應該請證券行告知你「射倉」方式，將存放在銀行的股票轉到證券行裡。

第二步：交易

大部份證券行都設網上交易和人手交易。大部份證券行都使用名為「SP Trader」的網上交易系統，裡面有齊所有股票期權的報價，相信如果買賣過股票的話，一小時內可熟悉操作。如果讀者怕按錯按鈕，明明打算Short Call卻變成了Long Call的話，可選擇致電你的經紀為你進行交易，以免出錯。熟悉以後才在網上自行交易吧。

股票期權的股數

現時大部份期權手數跟正股手數一樣。例如Short一張騰訊Call就是等同100股騰訊正股。但有些股份的期權，一張的交易單位不等同於正股一手，例如友邦保險（1299），正股一手是200股，但一張友邦期權的交易單位是1,000股；如果你手上只有200股友邦正股，而你Short了一張友邦認購期權，對家行使時便會要求你賣出1,000股，而你手上只有200股，你便需要在市場多買800股正股供對家行使，這會令你造成損失。圖表2.21是股票期權買賣合約單位多於一手正股的名單，做這些股份的期權交易需要留意。

圖表 2.21 股票期權的合約買賣單位多於一手正股股數

股票編號	正股名稱	HKATS代號	合約買賣單位(股數)	正股買賣單位倍數
0823	領展房地產投資信託基金	LNK	1,000	2
1113	長江實業地產有限公司	CKP	1,000	2
1288	中國農業銀行股份有限公司	XAB	10,000	10
1299	友邦保險控股有限公司	AIA	1,000	5
1336	新華人壽保險股份有限公司	NCL	1,000	10
1339	中國人民保險集團股份有限公司	PIN	5,000	5
1359	中國信達資產管理股份有限公司	CDA	5,000	5
1816	中國廣核電力股份有限公司	CGN	10,000	10
1988	中國民生銀行股份有限公司	MSB	2,500	5
2018	瑞聲科技控股有限公司	AAC	1,000	2
2601	中國太平洋保險(集團)股份有限公司	CPI	1,000	5
2822	CSOP 富時中國 A50 ETF	CSA	5,000	25
2823	iShares 安碩富時 A50 中國指數 ETF#	A50	5,000	50
2827	標智滬深 300 中國指數基金 #^	CS3	1,000	5
2828	恒生 H 股指數上市基金	HCF	1,000	5
3188	華夏滬深 300 指數 ETF	AMC	2,000	10
3800	保利協鑫能源控股有限公司	PLE	5,000	5
6030	中信証券股份有限公司	CTS	1,000	2
6837	海通証券股份有限公司	HAI	2,000	5

資料來源:港交所

定時管理投資

網上流傳馬雲説的話:「複雜的事情簡單做,你就是專家;簡單的事情重複做,你就是行家;重複的事情用心做,你就是贏家。」我認為應用在我的股票投資哲學最適合不過了。我在第一章和第二章將股票拆分為長線持有低波幅股份及利用期權去賺波幅,要穩定獲利,事前準備功夫要做足,然後要定時管理你的投資。

不要覺得要煩的東西很多,其實很多東西以機械式操作便可以。例如做期權Short Call定期收期權金,最密也只是每月去找合適的行使價,Short一次等月底收期權金;然後平時留意一下電郵看看你投資的公司的新聞,半年看一次公司業績,了解一下公司的發展。其實要做的東西不是很多,只需要緊記你正在做正確的事,堅持有紀律地重複去做便可以。

如果你覺得股票投資要顧慮的東西還是比較多的話,可以考慮多做債券投資,基本上你只需要細讀第三及第四章,清楚了解債券投資的原理和分散投資方法,便可以安心地坐享每月派息。

Chapter 3
債券——
分散投資之選

Bond

3.1 了解債券 打好基本功

2008年，曾經在香港熱賣的「迷你債券」爆煲，大批退休人士因為想收多點利息而變成「苦主」，損失不少。「迷你債券」的善後工作歷經6年，期間小投資者聞債色變，認為這是騙人的投資產品。然而，自從美國09年開始QE（量化寬鬆）以來，持續多年低息環境加上樓價高企，債券這項投資工具又開始重新受到小投資者的注目，最近幾年很多買過債券的人都覺得買債券息高而且安全，有作家更加教導投資者以槓桿形式買入債券以放大利潤。

不過，我看過有些著作及網上文章，作者居然連最基本關於債券的知識也說得不清不楚，便教讀者跳入市場買賣，有很多小投資者在不明白的情況下押上大部份資產去投資債券。筆者在這方面有多年投資經驗，希望在這章向各位讀者講解投資債券應該要認識的事情。

發債與發行股票的分別

如果要完全明白債券到底是甚麼東西，首要從企業的角度去看：一間企業如果要集資做生意的話，不外乎發行股票又或者向外人貸款。

圖表3.1　股票集資讓小投資者做股東

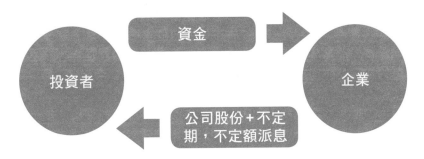

股東入股投資，企業印股票給股東。企業收了錢後便不用還，如果企業持續成長壯大，投資者手上持有的股份價值自然會水漲船高，另外企業還可以按業績或將來發展需要，定時或不定時派息給股東。

如果企業不幸清盤倒閉，所有資產要先歸還給債權人（債主）後，有餘額才會分給股東。而作為股東，每年可參與公司的一些重要決策的投票，例如股東大會、任免董事等。

可見做股東是一件很危險和沒有甚麼保障的事，所以我在第二章設計了多種篩選，務求將對投資者有危險的股份完全排除。但是高風險、高回報，歷史上還是有不少股票以倍數增值，讓投資者的財富大躍進。

圖表3.2　舉債貸款須還債

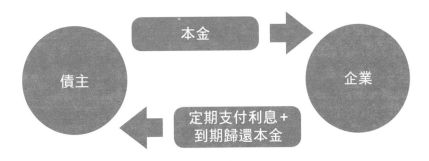

作為企業，貸款後無論經營情況是好是壞，利息及本金均需要按時歸還。對於經營困難的企業，這當然是壞事。但對於很多老闆來講，引入股東即是找外人「分身家」，分享自己的良好業績；相反，貸款的好處就是提供資金的債主只能收取利息，無權過問任何公司運作，亦不能分享企業的成長及經營成果。

作為債主，最高收益是限制在已訂明收取的利息部份。但是，萬一企業違約或倒閉，便會損失大部份／全部已借出的貸款本金。所以，法律訂明債權人在企業倒閉或清盤時，可優先取回企業變賣資產所得。

作為債主，貸款企業如有良好抵押品，過去信譽良好，經營情況不錯，貸款時間又不是太長的話，這是低風險的貸款。由於風險較低，所以債主可以接受較低的利息借出貸款。而無抵押品、經營記錄一般、要求貸款時間較長的企業，違約風險一般較大，所以債主需要收取較高的利率以彌補額外承受的風險。

圖表3.3　股東及債主回報與風險

	股東	債主
收益	無限（股價升值 + 股息）	有限（定期收取固定利息）
投資時間	無限	有限／無限（如投資永續債券）
風險	損失全部本金	損失全部本金

如果你有向銀行申請過按揭貸款、稅務貸款的話，銀行在完成批核貸款後，銀行經理會聯絡你簽署一封授信函（Facility letter），內裡基本上全部是一些密密麻麻，一般人難以看得明白的英文。裡面所有條款都是由銀行（債主）訂立，你作為借錢的客戶，只能有兩個選擇：就是接納或拒絕銀行的貸款，而不能要求修改或商議裡面的條款。

企業貸款也是一樣，釐定貸款的利率、年期，仔細條款的權利均由銀行主導。如果企業想對外貸款，又需要訂立對自己有利的條款，就只有發行債券。

企業發行債券集資，年期、息率、派息頻率都可以由自己決定，有些企業債券還有「可贖回」或「換股」的特別條款，投資者在看過企業的財務狀況後，只能決定買或不買、買多少，而不能要求發債人修改債券內的條款。

發債券借錢看來很好，甚麼都可以自己決定，但剛才講過，企業發行債券，要公開自己的財政狀況，公司有甚麼值錢資產和賺錢生意都要讓潛在投資者知道。而向銀行貸款，企業的財務資料只有貸款銀行知道，資料並不會公開。所以，發債的多是上市公司或其附屬公司，因為上市公司每年最少兩次要公布業績，財政狀況一目了然，所以沒有財政資料公開不公開的問題。

圖表3.4　銀行貸款及債券的分別

	銀行貸款	發行債券
訂立貸款條款	銀行主導	企業主導
資金提供者	銀行	公眾投資者
公開財務資料	只有銀行知道	公開資料

債券並不是單純「投資者借錢，企業還息還本」這麼簡單，還有很多需要投資者了解的細節，投資前求知是一個非常重要的過程！

圖表 3.5　國家與企業發行的債券

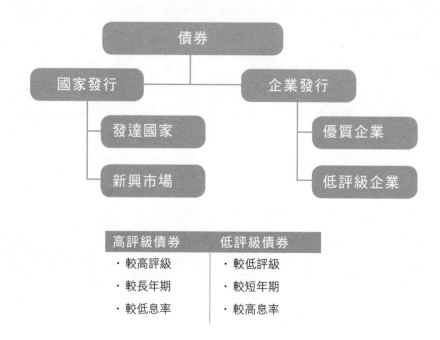

圖表3.5我將債券分為兩大類，一個是國家層面發行的債券，一個是企業層面發行的債券。債券我又將他分為兩個層面，一個是高評級債券，一個是低評級的債券。

債券的評級

現時國際評級機構標準普爾（Standard and Poor's）、穆迪（Moody's）、惠譽（Fitch）均有以英文字母為債券評級，評級最高是AAA，最低是D（即是Default違約）。

圖表3.6　評級機構對債券的評級

標準普爾		穆迪		惠譽國際		大公國際	
長期債	短期債	長期債	短期債	長期債	短期債	長期債	短期債
AAA	A-1+	Aaa	P-1	AAA	F1+	AAA	A-1
AA+	A-1+	Aa1	P-1	AA+	F1+	AA+	A-1
AA	A-1+	Aa2	P-1	AA	F1+	AA	A-1
AA-	A-1+	Aa3	P-1	AA-	F1+	AA-	A-1
A+	A-1	A1	P-1	A+	F1+	A+	A-2
A	A-1	A2	P-1	A	F1	A	A-2
A-	A-2	A3	P-2	A-	F1	A-	A-2
BBB+	A-2	Baa1	P-2	BBB+	F2	BBB+	A-3
BBB	A-2/A-3	Baa2	P-2/P-3	BBB	F2	BBB	A-3
BBB-	A-3	Baa3	P-3	BBB-	F2/F3	BBB-	A-3
BB+	B	Ba1		BB+	F3	BB+	B
BB	B	Ba2		BB	B	BB	B
BB-	*B*	*Ba3*		*BB-*	*B*	*BB-*	*B*
B+	*B*	*B1*		*B+*	*B*	*B+*	*B*
B	*B*	*B2*		*B*	*C*	*B*	*B*
B-	*B*	*B3*		*B-*	*C*	*B-*	*B*
CCC+	*C*	*Caa1*		*CCC+*	*C*	*CCC+*	*C*
CCC	*C*	*Caa2*		*CCC*	*C*	*CCC*	*C*
CCC-	*C*	*Caa3*		*CCC-*	*C*	*CCC-*	*C*
CC	*C*	*Ca*		*CC*	*C*	*CC*	*C*
C	*C*	*C*		*C*	*C*	*C*	*D*

＊斜體為垃圾級別債券

AAA意義已經不大

2007年之前，AAA的債券評級，代表債券違約風險最低，發債公司品質最高。買入後基本上不用擔心其安全。但2007年，美國按揭抵押債券及雷曼兄弟爆煲，大量AAA評級的債券價格大幅下跌及違約，很多投資者錄得巨額虧損。

在90年代初，中國廣東省政府的窗口公司廣東國際信託先後獲得了穆迪及標準普爾主權債的評級，最後在 1998 年破產重組，國際投資者損失不菲。

以上例子可見買債券單憑評級便判定債券安全，All-in 集中買同一隻債券的話，有機會突然血本無歸，非常恐怖！雖然高評級債券也有破產違約的例子，但總體違約率遠遠比低評級的債券為低。

發達國家債券不可取

以英、美、德、日、澳洲發達國家發行的債券獲得的信貸評級非常高，理論上不會破產違約，但是債券利率卻是出奇地低，2016 年更有不少國債是負利率，即是投資這些債券不但收不到利息，而且還要支付利息，即是買入便要虧損。

這些國家發行的債券較安全的原因，是因為這些國家的央行可以隨便印發鈔票，無錢還的時候便可以來一招量化寬鬆（QE），增發鈔票來支付債券本金及利息。既然鈔票是可以隨便印，這樣一來，債券難以出現違約，然而息率十分低，發達國家的債券是不值得投資的。

發展中國家債券貶值風險高

那麼發展中國家的債券呢？首先，我們要看看這些新興市場是以甚麼貨幣發債。一般發債貨幣是美元、歐元及本國貨幣。

在上一段講過，以本國貨幣發債，財政困難時便可印鈔還息還本，發達國家的貨幣還好，最少貨幣在國際流通，崩盤大幅貶值的可能較發展中

國家的貨幣為低。如果投資者不幸買了津巴布韋以其貨幣發行的債券，就算津巴布韋沒有違約破產，由於貨幣匯價大幅下跌的關係，債券以港元／美元計的話，基本上已一文不值。

由於貨幣貶值風險大，很多發展中的國家都會付高息發行美元或歐元等主流貨幣債券，以供國家外貿及發展需要。由於還本及還息均需以外幣歸還，國家一定不能以印鈔票的方式還債。還債能力便要看國家的實力，例如 GDP、稅收、貿易盈餘等因素。可是，一個國家不同於上市公司，不一定一年公布兩次財政數據供投資者參考，要分析是否值得買入投資極具難度。

由於發展中國家債券風險較高，所以這類債券的債息通常較高，以吸引投資者認購。

迴避投資國家債券

國家的信用其實是很低的，每隔幾年便會有國家無力還債的新聞出現。2001年，阿根廷宣布無力歸還 1,300 億美元外債；2011年，希臘發生債務危機，希臘需要與債權人重新談判的外債高達 2,400 億歐元。2017年初，蒙古發行的債券也瀕臨違約。

聯合國的成員國只有 193 個，當中有大國有小國，就算分散投資幫助也不太大。以前很多教科書都認為國家發行的主權債券最安全，因為國家不太可能倒閉。但21世紀後不論發達國家或是發展中國家都日趨「流氓化」，不是印鈔便是賴債違約，投資國家債券也可以是風險高、回報低的投資，所以我建議投資者迴避這類型的債券。

3.2 藍籌企業債與垃圾債

投資債券要考慮的因素,包括時間、息率及違約風險,這些我稍後都會逐一詳細講解。

圖表 3.7 投資債券要考慮的因素

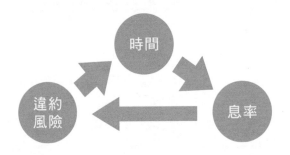

藍籌股發債屬於優質

優質的企業是指知名的跨國巨企、藍籌股份等。他們擁有很好的業務、很強的現金流、很多值錢的資產,因此這類企業發債便有很大的優勢,他們可以用較低的息率、較長的年期發行債券;有部份債券更是永續債券(即是發債企業永遠付息,永遠不會歸還本金。投資者如需套現只能在二手市場出售給其他投資者)。

垃圾債券年期愈長風險愈高

買入垃圾債券（Junk Bond）當然預計買入後企業隨時破產，血本無歸。如果我是「垃圾公司」，要發行債券吸引投資者買入，最簡單直接的方法便是提高債券利率，以高息彌補投資者承受的風險，來吸引投資者認購。到期日當然是愈短愈好，因為投資者不知道公司到底有多長「壽命」，到期日愈長，投資者面對的不確定性便愈高。垃圾債券的年期通常在五年以下，以減少投資者的憂慮。

由於「垃圾債券」這個的名字實在太恐怖，嚴重「趕客」，也令投資者買入前多考慮幾分，所以近年來傳媒及專家均改稱這些債券為「高收益債券」（High-yield Bond）。存錢在銀行這麼低息，很多投資者一聽見「高收益」這三個字，不但不再恐懼，而且馬上雙眼發光！

圖表3.8　優質企業債與垃圾債券分別

	優質企業債	垃圾債券
年期	長	短
息率	低	高
違約風險	低	高

債券的二手交易

站在發債的企業而言，發債時均有設定固定利率，即是說發行人的借貸成本固定不變，不會隨市場利率的變化而變化。而投資者可以持有債券至到期日，也可以隨時在二手市場進行買賣。

例子（1）：

ABC公司在2017年3月1日發行五年期債券，息率5%，每年派息一次，初始價為$100（票面值）。如投資者買入1,000萬ABC公司的債券，他每年便可以收取50萬元的利息。

如果投資者在債券發行的第一天便買入債券後一直持有，而公司也正常運作，投資者每年的收益也是固定。不過，很多投資者均不會持有債券至到期日，所以便會有債券二手市場的出現，讓投資者買賣債券。

例子（2）

2018年3月1日ABC公司突然被指財政不穩，拖欠員工薪金已經兩個月。引發投資者瘋狂拋售債券，發行價$100的債券，在二手市場買賣只值$50。投資者陳先生認為ABC公司有大量物業，根本不怕倒閉，故用$50價格，花了1,000萬元在市場向其他投資者買入ABC公司原本以$100發行的債券。

如果ABC公司最後是安全無事的話，ABC仍然會按票面值$100派發5%利息。由於陳先生只是用$50買入，所以他每年可收取利息100萬元。所以陳先生買入ABC公司債券的收益率便是10%了。

例子（3）

2019年3月1日ABC公司突然宣布有大型國企收購，被評級機構提升信貸評級；再加上同日市場宣布降息，有大量資金追捧ABC公司的債券，債價炒至110元。陳先生決定賣出全部ABC債券。

陳先生在ABC債價低迷時（$50）買入，現在以$110賣出，賬面賺了不少。新買家以$110買貨，而ABC公司也會按照原本發行時$100派5%的條款支付利息，不會因為債價上升（或下跌）而改變派息。所以新買家的收益率當然不會有5%之多，而是5/110 = 4.54%。

從上述三個例子，我們可以知道：

1. 買債券，除了等企業定期付息還本外，還可以在到期前在二手市場上高賣低買的。

2. 投資者以票面值買入債券，債券的息票利率＝投資者買入債券的收益率。

3. 投資者以低於票面值買入債券（剛才$50買入票面值$100債券的例子），收益率＞息票利率。

4. 投資者以高於票面值買入債券（剛才$110買入票面值$100債券的例子）收益率＜息票利率。

財經傳媒報道債券市場新聞的時候，經常會說「債券收益率上升／下跌」，這裡不是說發債的企業提高新債票息，而是因為債券價格升跌造成的收益率上升或下跌。

債息和市場息率的關係

剛才介紹了不同類型的債券和怎樣看債券的評級、安全性及一些債券的基本交易知識，但你還未踏進債券的大門呢。

有很多人說，加息會導致債券價格下跌，有些人又認為不是，到底這是甚麼回事？這概念有點抽象，讓我以兩個虛構例子來說明！

個案（1）

假設你手上有債券A和債券B，各投資了港幣100萬，都是五年後到期，相同信貸評級。

債券A：每年派息2%

債券B：每年派息12%

現時銀行活期存款息率：0.01%

如果現時銀行突然一次性增加存款利率至5%，你會如何處置這兩隻債券？

債券A：收取的債券派息已不及存在銀行，正常投資者應會將此債券放售，取回現金存進銀行可以多收3%利息，所以債券A會有拋售的情況。

債券B：由於債券息率高，銀行多加幾次息也加不到去12%，所以大多數投資者選擇按兵不動，所以債券B的債券價格會較平穩。

個案（2）

假設你手上有債券甲和債券乙，各投資了港幣100萬，債券息率都是2%，相同信貸評級。

債券甲：六個月後到期

債券乙：十年後到期

現時銀行活期存款息率：0.01%

如果現時銀行突然一次性增加存款利率至5%，你會如何處置這兩隻債券？

債券甲：收取的債券派息已不及存在銀行，正常投資者應會將此債券放售，取回現金存進銀行可以多收3%利息。但是出售債券會有費用，加上只需多等六個月便能取回全數本金，期間損失的息差不多，所以多數投資者都會等債券到期，因此這債券的跌幅會相當有限。

債券乙：由於債券息率太低，加上債券還要等十年才到期。繼續持有債券，會損失10年的息差，所以愈早套現存進較高息的存款戶口便愈有利，所以債券乙的沽壓理應較重。

圖表3.9　加息/減息對債券價值影響

對債券價格影響	
距離到期日時間愈長	愈敏感
債券票息愈低	愈敏感

存續期（Duration）愈長　債價愈敏感

剛才的兩個例子說明了債券到期日及票息對債券價格的影響，這個概念稱之為存續期（Duration）。存續期是用來量度債券支付出來現金流（定期派出利息及到期歸還的本金）的平均到期日。存續期的數字愈長，債券價格對市場利率的敏感度愈高。存續期愈短，利率升跌對債券價格的影響就愈小，所以市場利率升跌與債券價格視為相反關係。

很多投資者會用PE（市盈率）或PB（市賬率）來分析股票，而存續期這概念則是買債券要懂的基本分析。假設其他因素不變，如果加息周期即將展開，就應該投資存續期較短的債券，因為存續期較短的債券對市場利率敏感度較低，抗跌力相對較強。如果預期市場減息，應投資存續期較長的債券，因為債價對市場利率較敏感，債價上升的空間便較大。

圖表3.10　投資債券要認識存續期概念

	優質企業債	垃圾債券
年期	長	短
息率	低	高
違約風險	低	高
存續期	長	短

2008年金融海嘯以來，以美國為首的發達國家不斷進行量化寬鬆(QE)，狂印鈔票，以致市場資金眾多，利率愈來愈低。優質企業發行長年期債券，在極低息的時候長期鎖定資金成本。質素較差的企業發行的債券雖然發債的年期較短，但由於市場資金充裕，投資者對能收息的產品有龐大需求，舊債到期後企業便可再發行利率更低的新債，實行以「新債蓋舊債」。如果市場利率上升，沒有評級的企業要以付出較以往高的利率發債集資，這才是真正考驗企業還款能力的時候。

3.3 避開複雜的 債券類型

除了純債券（Plain Vanilla Bond），企業還會發行其他不同類型的債券，例如可贖回債券券或可換股債券（Convertible Bond, CB）。

可贖回債券：公司可中途贖回

可贖回債券等於大家借樓宇按揭，很多人都不會借足三十年，他們中途可以向銀行提早償還按揭貸款。可贖回債券也是相同道理，發行債券的企業可以在債券到期前行使贖回權，提早向投資者歸還本金而不需告知投資者任何原因。然而原因也不外乎企業收回大筆現金，贖回債券可節省利息支出。如果市場在減息周期，提早贖回高息債券，然後再在市場發行一些較低息的債券，也是可以節省利息支出。

投資者持有的債券一旦被提早贖回，投資者便會馬上取回本金；如果投資者需要長期收息，他便會再物色適合自己的債券投資，而新的投資比原來的債券差，這便是「再投資風險」。

可換股債券：可行使權利做股東

可換股債券給予投資者在指定時間內，把債券轉換成股份的權利，債券未轉換成股份前，企業還是會定期支付利息給投資者。如果全部買入債券的投資者都行使權利不收取本金，改為收取股份，企業便變相不用還款。最理想的情況當然是企業善用發債資金改善經營，從而推高股價，誘使投資者把債券轉換成股份。如果企業表現良好，投資者可行使換股權利，享受股價升值；如股價表現不濟，投資者可繼續收息，等債券到期收回本金，可謂「進可攻，退可守」。「進可攻，退可守」的好處是要以犧牲你的利息換來的，一般可換股債券的票息率較普通的債券為低，甚至零息。

債券條款愈多，分析起來便愈複雜。我建議投資者應避開以上有特別條款的債券，集中投資在純債券。

3.4 安心投資債券 5原則

投資債券不同於投資股票。買入藍籌股中國銀行（3988），每手1000股，入場費只需3,000至4,000元左右，小朋友的利是錢也足夠買入。每天電視、電台、手機報價程式均可看到報價，交易時間內買賣非常方便。而債券不是港交所買賣的產品，二手市場有限，每間銀行及券商報價都不相同，可見債券絕對不是一些很方便投資者買賣的投資產品。而且投資債券普遍入場費是20萬美元起或100萬港元起，門檻相對高。

了解系統及非系統風險

如果你不是在票面值（100元）以下買入債券，債券投資其實是獲利有限（主要的回報是收取的利息），但損失有機會是無限（如果企業破產，基本上血本無歸）。所以我用了很長的篇幅來介紹債券，希望讀者非常了解債券是一項怎樣的投資工具才考慮是否投資。那麼投資債券有甚麼風險？有甚麼是可以迴避？有甚麼風險是可以分散？

讀者先看看圖表3.11，有關系統及非系統風險的介紹。

圖表3.11　投資債券的系統和非系統風險

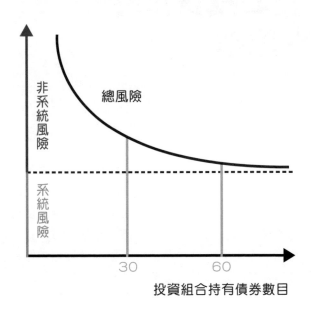

系統風險（Systematic Risk）是指市場及整體風險，不能靠分散投資避開的風險。例如911和金融海嘯，基本上分散投資在不同投資工具及地區皆不能避免這些風險。

至於發生在個別債券身上的風險則是「非系統風險」（Unsystematic Risk），例如企業的違約風險（Default Risk）、沒有人出價買入債券的流動性風險（Liquidity Risk），這些風險都是可以透過分散投資，將發生在個別單一債券的風險分散至微不足道，投資債券的安全性便可大大增加！

嚴選債券五大原則

綜合以上種種，我對分散投資債券有以下5大看法。

1. 不要選政府債券

不論是發達國家或發展中國家，不是印鈔便是賴債，政府財政透明度低，所以投資價值不高，不投資也沒有甚麼損失。

2. 確定利率周期

讀者投資債券時，一定要清楚知道自己現時所處的利息周期。如果身處在加息的環境，就算是優質的企業，由於他們發債的票息太低、年期較長，加息周期會對這類債券的價格有不利的影響。

3. 投資垃圾債券要分散

垃圾債券息高、年期及存續期均短，理論上是加息周期的恩物。不過垃圾債券安全性低，企業因經營不善而違約的機會較高；如果你手上有100萬美元，分散投資5隻高息垃圾債，每隻買20萬美元，如果其中一隻債券不幸違約，你的損失便是20%。只要其他四隻債券不違約而且繼續派息，這20%損失相信3至5年便可靠其他債券派息來彌補，所以投資者應該盡量分散投資在這類債券。如果不幸有1至2隻債券出事，也不會連累你損失大量投資本金。

4. 把投資分散不同市場

如果大家集中一個地方投資，不論是成熟市場或新興市場，投資地區政局一旦不穩，便會火燒連環船。分散投資不同地區，就算一個地方政局不穩，至少其他地區的投資不會受到牽連。

5. 分散投資於不同行業

這裡講的行業是指各行各業，有很多投資者則重投資房地產、金融和資源公司的債券，萬一這三大行業出事的話，又是火燒連環船。

以基金／ETF形式投資債券

可能有讀者會問，一隻債券入場費20萬美元起，就算我是億萬富翁也難以這樣分散投資。所以我會建議讀者以基金／ETF形式投資債券，分開買幾隻不同類型的債券基金／ETF已能收分散投資之效。

坊間不少評論指買基金收費貴之餘回報又差又不穩定；買外國ETF又是隔山買牛，沒有甚麼保障。他們多建議投資者自己去券商／私人銀行買債更好，勝在費用較低而回報又穩定。如果各位還記得我之前講過農場雞和野雞的故事，都會知道集中投資一隻或是幾隻債券，風險實在很高。

以我多年的投資經驗，分散買債券基金／ETF的好處，是遠遠多於坊間聲稱的壞處。我看過很多評論均對這些產品的運作、收費及選擇一知半解，投資債券基金及ETF是有心法及竅門的，我隨後就跟大家講解。

Chapter 4

衝出亞洲
投資美企債券 ETF

4.1 投資債券基金
牽涉的費用

上一章談過,最理想的債券投資策略是分散投資,以迴避出現於個別公司或地區的非系統風險。由於債券入場門檻高,小投資者難以大規模地分散投資,所以債券市場向來都是機構投資者的天堂,例如香港金管局管理的外匯基金、保險公司的長期投資都以債券為主,而且他們有大量具CFA(特許金融分析師)資格的專家團隊選擇及管理債券組合,以求萬無一失。如果你自問不是家財萬貫,無法大量買債,又無專業能力精準選擇債券的話,與其孤注一擲,不如研究一下怎樣分散投資。

活用基金及ETF分散投資

基金就是集合不同投資者的錢,然後委託專業的基金經理去買一籃子的投資項目,以求做到分散投資的效果。

市面上很多股票買一手也不需港幣 10,000 元,自己多買幾隻不同行業的股票已能夠分散投資,再加上基金經理的能力參差不齊,讀者只要認真了解本書頭兩章的內容便可在股票投資上取得理想回報,故此投資不應

透過基金投資。但是債券不但入場投入金額太高,更存在二手流通量不足的問題。最重要的一點是,香港的債券市場向來不活躍,投資者的投資經驗不足,所以透過基金／ETF形式買入債券是一個較為穩妥的方法。

圖表 4.1 投資債券的不同途徑

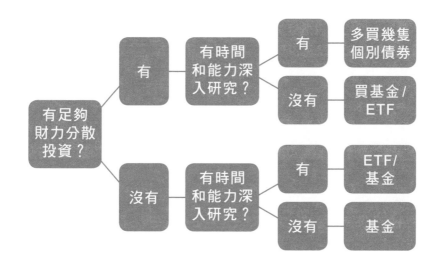

投資債券基金就像聘請司機代自己駕駛,假如你要聘請司機,你會釐清甚麼問題?以下4點是我會釐清的地方,然後再作決定。

1. 司機破產走佬。

車是你擁有的,就算司機破產,他也不可以合法變賣你的汽車。

2 請司機的費用。

請司機駕駛及自行駕駛各有好處及壞處，這是選擇的問題；如果自己有能力、有時間專注駕駛泊車的話，當然自己操刀較好。否則要享受專人代駕及保養車輛的便利，就要付出費用聘請司機。

3. 聘請司機的人工。

作為僱主，我們可以透過貨比三家，多比較市場上司機的工資，便知道你聘請司機的工資是否合理。

4. 司機的安全性。

聘請司機前，查詢他的駕駛經驗年期及違例記錄，問問行家他的聲譽，再叫他試試駕駛給你看，基本上已知道你是否能夠安心聘用該司機。

換個角色，投資基金前，也要知清楚以上提過的4方面，免除一些疑慮：

1. 投資基金很危險，基金公司倒閉便會血本無歸？

不知道各位讀者有無存放過貴重物品、金銀珠寶在銀行的保管箱？如銀行倒閉，客人在保管箱內金銀珠寶會不會被充公變賣抵債？答案很明顯是不會的，因為金銀珠寶的主人是客戶而非銀行，銀行只是負責保管物品並收取租金。

投資者的投資在基金，基金裡面的錢和投資項目是存放在託管的銀行的信託賬戶裡面。而基金經理就像你聘請的司機，只是負責發出投資指示及對投資組合進行管理。

圖表 4.2　基金的運作

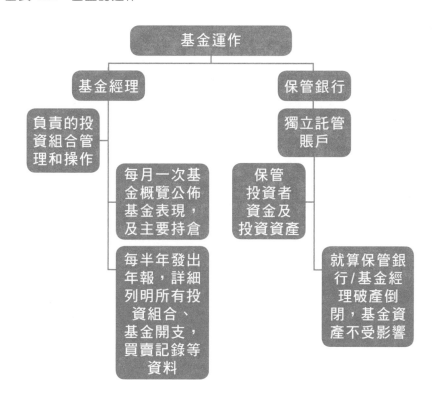

2. 投資基金費用，很多很昂貴？

投資基金即是請專業的基金經理為你分散投資，基金經理需要出糧，便會產生費用。市場上基金經理參差不齊，但收取費用相近，我會在本章稍後的章節分享揀選基金的要訣。我們以下就看看投資基金的費用，哪些是值得付和應該付，而不值得付的費用怎樣可以壓到最低。

管理費與基金表現成正比

這包含了基金經理管理投資組合所收取的管理費，及基金日常的行政費用。以債券基金而言，投資策略主要是做充足的研究，買入債券後便持有收息，中間還需要監視投資債券的付息能力及還債能力。

基金的管理費均會在基金資產中直接收取，並會在基金價格上反映出來。以債券基金而言，管理費在資產淨值的 1% 至 1.5% 算是合理水平。

由於基金經理收取的管理費是根據基金資產淨值收取，基金表現得愈好，資產淨值也會愈高，收取的管理費金額就愈多。而基金表現好的同時也會吸引新資金進入投資，也會令到基金規模增加。所以基金經理要賺錢，必先要令基金回報跑贏其他基金。

債券基金普遍沒收表現費

有些基金經理自覺表現非凡，認為單單收取管理費並不足以反映其優秀操盤能力，所以再向客戶收取一項名為「表現費」的費用。顧名思義，基金要有突出表現才能向客戶收取。

由於基金需要有突出表現才能收取表現費，所以基金經理會傾向冒較多風險以博取表現費。

表現費這項目多在股票基金或對沖基金出現，債券一般買入後便會持有至到期，基金經理要博高回報的空間不高，所以債券基金通常不會有表現費。

圖表 4.3 基金月報會清楚列明費用詳情

費用		
最高 認購費 (%)	管理費 (%)	最高 維持費 (%)
5.00	0.75	0.30

基金資料	
基本貨幣	美元
管理費用	每年 1.00%
認購費用	最高 5.00%
變現費用	目前豁免

Initial Sales Charge[1] 首次認購費 [1]	Up to 最多為 5.00% （Class A, A2, AA & AT 股）
Management Fee[2] 管理費 [2]	First $5b: 1.70%[a] Over $5b: 1.50%[a] 首 50 億美元: 1.70%[a] 超過 50 億美元部份: 1.50%[a]
Management Company Fee[2] 管理公司費 [2]	0.10%

資料來源：東亞聯豐、聯博、鄧普頓

認購費是分銷商的銷售佣金

直接買股票或債券，一般會看到「買入」及「賣出」兩邊報價，交易時段內每口價都不同。而基金的報價則只有資產淨值（NAV）的報價，一般均不會有「買入」及「賣出」兩邊報價。

別以為沒有買賣差價便可以節省買賣佣金，因為現時投資者在分銷商（銀行或券商）認購基金，均需收取認購費。認購費即是分銷商的銷售佣金，比如客戶投資 10 萬港元認購基金，而認購費是 2% 的話，客戶實際投資在基金的金額只有 98,000 元，被扣起的 2,000 元是認購費。

基金公司均會在基金資料月報中列明分銷商最高可收取的佣金水平，一般是5%至5.25%。現在買高收益債券基金，一年派息率也是大概5%，如果被分銷商收了這個水平的認購費，基本上第一年所收的回報是不足以支付。

3. 貨比三家，不要讓高昂認購費偷走你應得的回報。

圖表4.4　銀行推出認購費優惠推廣

網上基金認購費低至1.5%

中銀香港基金投資服務，助您策劃新一年投資大計。推廣期內經中國銀行(香港)有限公司(「本行」)網上銀行認購基金，可享精彩優惠：

認購金額 (或等值外幣)	寬收認購費	
	債券基金	其他基金
港幣50萬元或以上	1.5%	2%
港幣50萬元以下	2%	2.5%

推廣期：即日起至 2017 年 3 月 31 日

基金認購費低至1.5%

整額基金認購費 低至1.5%

永隆銀行（「本行」）為您提供貼身的全方位財富管理服務，並推出基金認購費優惠。由即日起至2017年12月29日，客戶經永隆個人網上銀行服務或永隆手機銀行服務應用程式內之「基金服務」認購基金，可享下列優惠認購費：

認購金額 (港幣或等值)	優惠認購費
港幣100,000元或以上	1.5%
港幣100,000元以下	1.8%

資料來源：中銀香港網頁、永隆銀行網頁

隨便上網搜尋，一般銀行收取的認購費大約是1.5%。筆者任職銀行多年，深明銀行能開出這認購費優惠，即表示銀行推出優惠後仍然可取得不錯的利潤。但作為客戶，認購費愈高，你能獲得的回報則愈少。據我所知，一般中小型銀行財富管理客源不及大型銀行，需要大力開拓新客源，如客戶要求，銀行可將認購費降至0.8%至1%不等，如大額認購，則認購費議價的空間就更大。這正如買賣股票一樣，用大型銀行股票戶口買的股票，跟中小型銀行買的股票反正都是同一隻，當然是去佣金收費較便宜的一間，所以建議讀者多問幾間銀行，貨比三家以找出最低者！

4. 不應聽信銷售人員隨便轉換基金。

銀行員工每月要達到營業指標可謂是天文數字。他們向客戶銷售基金，就只是為了賺取一次性的認購費。

於銀行買基金跟買股票不同，基金只會在買入時收取一次認購費，賣出是不收費的。如果你買入股票後就算永久持有、不會沽出，銀行仍可在派息、分拆、供股等企業行動上收費；而基金已收取了管理費，所以日後一切企業行動如每月派息等，銀行均不能再向投資者收取費用。

由於認購費是「一次性」的性質及員工天文數字的指標，既然銀行經理不能對你收取較高的認購費，於是便希望你多點做買賣，務求一年多賺客戶幾次認購費。他們會告訴你基金已賺夠，不如獲利套現轉買其他更高回報的投資；又或者告訴你買的基金表現未如理想，不如止蝕換馬。如果你最初選基金時沒有選錯，而基金的投資環境及管理團隊無重大變動，基本上可安心長期收息，不必理會銀行的推介。

4.2 篩選債券基金有法

了解過基金的安全性及如何避免被過量費用蠶食回報後，我們正式開始選擇優質債券板塊及篩選績優的基金經理。

圖表4.5　債券基金分類

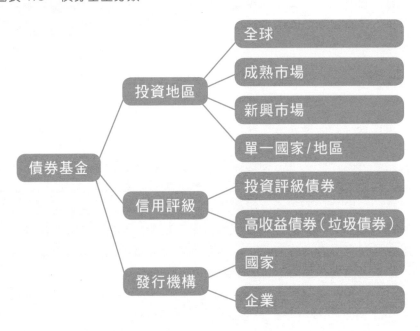

上一章探討過，在加息的大環境下，我們不宜買入年期太長、派息率太低的債券，而發行這類債券的多是有投資評級的發達國家政府、跨國藍籌企業等。一來這類債券的價格對市場息口較敏感，而且派息太低，再加上認購費相同的情況下，買這類債券基金會變得「無肉食」。

相反，派息高、年期短的債券對息口的敏感度較低，理應在加息環境比較有利，但是這些債券通常信貸評級較低，較大機會違約，對投資者造成重大損失。與其花時間研究買哪隻債券不會違約，倒不如通過買債券基金分散投資更加安心。

圖表4.6　高收益債券分類

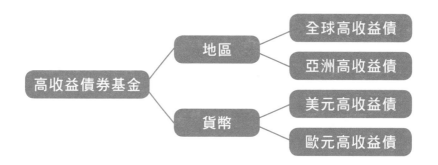

我將高收益債券基金先按買債地區和貨幣區分，再分出圖表4.6市面常見的四大類高收益債券基金。在這四類高收益債券基金中，我會剔除「歐元高收益債券」，因為港元跟美元掛鈎，而歐元因早年「歐豬五國」財政危機、歐洲實施QE，債息已下跌至很不吸引水平；加上匯價貶值，賺了債券的派息也不足以彌補匯率上的損失，所以不建議讀者投資在歐元高收益債券。

參考基金月報篩選基金

其餘三類高收益債券基金類別均值得考慮，我設計了一些篩選債券基金的方法供各位讀者參考。

每隻在香港發售給零售投資者的基金均需每月發出基金月報，以便投資者了解基金最新表現及一些投資者重點關注的信息。基金月報就像求職者的CV，一頁起兩頁止。基本上大部份我們需要知道的買賣決策資料均可以在這份月報看到，讀者可以在基金公司的網站下載參閱。

以下就以台灣和香港均流行的「聯博——環球高收益基金」的基金月報為例子，看看我們應怎樣挑選一隻可託付的基金。

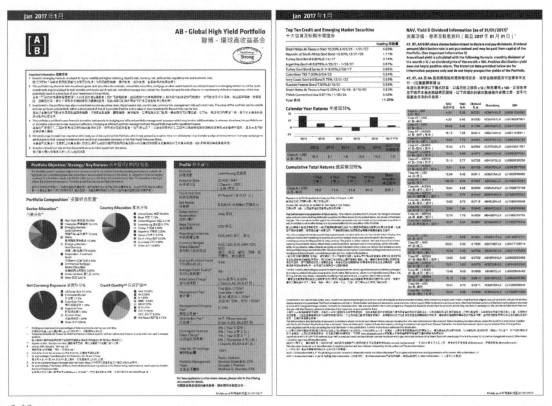

A. 成立日期

過去多年世界經歷過多次黑天鵝及加息減息周期，我們要知道基金在過去有無面對過風浪，以及過去面對投資市場風浪時的表現。雖然成立時間長不代表未來基金表現一定會好，但是基金經歷多年市場洗禮尚能留存在貨架發售，應該也有一定實力。如基金成立不足五年，歷史記錄不足，建議選擇其他基金。

「聯博——環球高收益基金」在1997年成立，至今已達20年，基金歷史愈悠久，基金永續運作的機會就愈高，投資者才有機會長遠收取債息。

B. 基金規模

我建議讀者投資的基金規模最起碼要有20億美元，而且愈大愈好。因為規模愈大的基金，表示獲得多數投資者的認同，以真金白銀投錢進去，可能原因是基金的長期回報好、基金經理的表現獲得肯定等。而且基金規模夠大的話，少數高資產大戶要贖回基金時，基金會有足夠現金應付，不必變賣資產去套現贖回。

「聯博——環球高收益基金」月報顯示，基金淨資產約205億美元，基金規模符合我的要求。

C. 持有債券的數目

我經常強調，投資基金就是因為基金會分散投資。大型基金投資超過1,000隻債券，1隻違約破產只能影響1/1000的回報，即是0.1%，對基金回報影響非常有限。而只有100隻債券的基金，一隻違約破產便影響1%的回報。

「聯博——環球高收益基金」月報顯示基金共持有1,051隻債券，應足夠分散個別債券違約的風險。

不過，不是很多基金會在基金月報列明持債數目，需要在基金年報中翻查。如果你在銀行認購，便可以向銀行職員查問有關資料。

D. 存續期

上一章談過，存續期用以量度債券對加息減息的敏感度。存續期愈低，債券價格便愈不受市場利率加減所影響。債券基金的月報一般均有列明基金所持債券的平均存續期。

「聯博──環球高收益基金」月報顯示，基金所持有的債券的平均存續期為4.58年，相對較其他基金長。

E. 管理費

我認為債券基金只需小心買入債券，然後持有至到期便可，其操盤難度及心機遠遠低於買賣股票，所以管理費1%至1.5%算是合理水平。「聯博──環球高收益基金」管理費為1.5至1.7%，相較市面同類基金為高；不過其持債數量遠遠高於其他基金，需要多點人力物力去做管理，也算可以接受。

F. 回報

這裡顯示的回報是債券派息加債券價格變動減去管理費的總回報（認購費乃分銷商收取，不會在此計算），一般月報會顯示過去五年的回報。我的要求基本是過去五年都是正回報才算及格。

「聯博──環球高收益基金」於2015年下跌5.4%，如在2015年扣除認購費1%，該年投資在基金的總值便下跌了6.4%。所以，「聯博──環球高收益基金」在「回報」這關不及格。

總體來說，「聯博──環球高收益基金」在六項測試中通過四項，已較市面很多債券基金為佳。我在本章稍後部份會有些推介，讀者可以多加比較。

4.3 搜羅高收益債券基金

一般的債券一年最少會派息兩次。如果一名個人投資者能買六隻不同到期日的債券，基本上組合已可做到每月收息一次。債券基金投資的債券肯定不只六隻，所以債券基金每月均會收到債券的派息。

市面有售的債券基金一般均讓投資者選擇將基金收到的債息累積再投資，或是每月收取現金派息。我見香港和台灣大部份債券基金的投資者均會選擇收取每月現金派息，而收取的派息可以供生活消費或是再投資在其他投資產品等。

部分派息來自基金本金

債券基金投資的債券的到期日並非平均分布，這會造成有些月份派息的債券較多，有些月份較少。而很多投資債券基金收息的投資者都是退休人士，靠基金的每月派息過活，如果基金每月的派息一時多一時少，投資者便很難做財務計劃。而這些退休投資者一般都沒有短期套現的需要，對基金價格要求不高。

有見及此，有些基金會在債券派息較少的月份，適量抽取基金的本金部份來派息給投資者，以穩定每月派息的金額。

圖表 4.7　債券基金派息操作

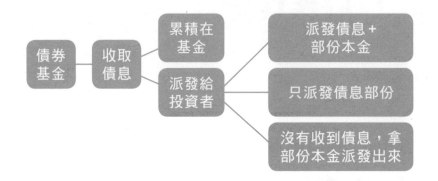

提防假高息基金

不過有部份基金經理濫用以資本派息這機制，幾乎每月均抽取資本派息。基金投資的債券息率只有約 6%，但基金派息率卻達 8 至 9%，很明顯是用「比其他債券基金高息」這賣點來吸引不知情的投資者認購。

要避開這些「假高息基金」，讀者只需要看清楚基金月報中「債券收益率」及「基金派息率」便可。

圖表 4.8 為「東亞聯豐亞洲貨幣及債券基金」的月報，基金「現時孳息率」是 6.92%，管理費是 1%。

如基金不動用資本派息，基金最高的派息率應只有 6.92%（持有債券的孳息率）減 1%（管理費），即是最高是 5.92%。現時基金派息只有 5.5%，可初步看出基金派息的主要來源，應是來自債券的收益而不是本金。

圖表 4.8　基金月報

統計摘要

平均信貸評級	B+
投資級別	6.72%
非投資級別	93.28%
存續期	3.24年
現時孳息率	6.92%

基金資料

基本貨幣	美元
管理費用	每年 1.00%

派息[8]

2017年2月	派息	年度化派息率
A美元(分派)	0.06531	5.50%
H港元(分派)	0.05220	5.50%

資料來源：東亞聯豐亞洲貨幣及債券基金

圖表 4.9 基金的派息率達 9.14%，而基金持有的債券票面息率只有 6.9%，明顯這 9.14% 的派息是抽取不少本金而派出。

圖表 4.9　基金月報

統計摘要			
平均票面息率	6.90%	有效到期日	5.90年
平均信貸質素	B+	有效存續期	3.90年
到期收益	6.38%		

派息歷史[4] AM類收息股份	每股派息	年度化股息收益率[5]	除息日期
美元	0.06000 美元	9.14%	17/01/2017

一般的基金分銷商規定每隻基金的最低入場費為1萬港元或1,000美元起，有部份基金或要求最低投資額為5萬港元或1萬美元起。遠遠比直接單一投資一隻債券入場費達10萬美元或100萬港元為低。假如我可以配置100萬港元投資債券，我寧願分散買幾隻不同類別、不同基金經理管理的債券基金，總比孤注一擲買一隻債券更為安心。

以下為大家點評一些銀行常見的高收益債券基金。

A. 亞洲高收益債券

東亞聯豐亞洲貨幣及債券基金

成立日期：2008年8月

歷年回報（%）				
2016	2015	2014	2013	2012
13.96	4.84	2.51	5.48	24.68

此基金主要投資在中國公司發行的房地產債券，投資中國公司佔組合近一半，房地產企業債券亦達41%，投資個別行業及地區頗為集中。頭五大持債佔基金組合已超過10%，雖然投資集中，但總比自己個別買幾隻債券為佳。而基金過去5年一直保持著正回報，表現亦優於很多股票基金，反映出基金經理的選債及投資能力很強。而基金管理費也只是1%，低於市場債券基金平均管理費。

惠理大中華高收益債券基金

成立日期：2012年3月

年度	2012	2013	2014	2015	2016
年度表現	13%	1.2%	1.1%	6.1%	15.9%

惠理自93年成立，在2012年才首次推出債券基金，基金過去五年均能保持正回報。

不要以為惠理是債券新手，其實惠理向來有在另一隻「高息股票基金」投資企業債券，只是比例不高。基金超過65%投資在中國及香港企業的債券，當中四成投資在房地產債券。投資公司達173間，頭十大債券佔債券組合超過10%，算是相當集中。

富達基金——亞洲高收益基金

成立日期：2007年4月

年度	2012	2013	2014	2015	2016
A-ACC-USD A股-累積-美元 年度表現	20.1%	2.7%	3.5%	1.5%	13.6%

富達的亞洲高收益基金在2007年成立，歷史較剛才兩隻基金悠久。此基金成立不久便遇上金融海嘯，相對受過考驗。富達基金投資國家和行業不像剛才東亞及惠理般集中，風險算是較為分散，但回報卻不比前兩者遜色。

如打算配置資金在亞洲高收益債券板塊，上述三隻基金都是不錯的選擇。

B. 環球高收益基金

聯博──環球高收益基金

成立日期：1997年9月

年度	2012	2013	2014	2015	2016
Class A-USD A股-美元 年度表現	16.3%	5.1%	1.6%	-5.4%	14%

此基金歷史悠久，約60%是投資美國的債券，90%投資在美元計價的債券，投資超過 1,000 隻不同債券，很有效分散非系統風險。

富達基金──美元高收益基金

成立日期：2001年9月

年度	2012	2013	2014	2015	2016
A-USD A股美元 年度表現	14.8%	5.1%	3.1%	-3.7%	13.5%

此基金100%是投資於美元計價的債券，超過80%均是投資美國的債券。

投資基金收取的認購費，是建基於認購金額，如投資者有資金 100 萬元，買一隻基金跟買十隻基金，認購費都是相同，不會因為分散買多幾隻基金而被收取更多的認購費。我建議大家可考慮多買幾隻不同類別，而歷史較悠久、回報較穩定的基金，務求將風險更大地分散。

4.4 債券 ETF 美國選擇多

雖然筆者在銀行持有不少高收益債券基金,亦獲得不錯的收益,但在香港買這類基金也有不少問題,主要是:

1. 首年管理費及認購費佔比高

雖然剛才教了大家壓低收費的方法,如長期持有債券基金,收費雖然會隨時間飛逝而變得微不足度,但投資基金的首年開支需要2至3%(認購費和管理費),而高收益債券一年派息只有5至6%,這些管理費對很多投資者而言依然屬於高昂。

2. 監管機構的錄音要求費時

監管機構在雷曼迷債風波後,對銀行及券商銷售債券基金嚴加規管。尤其有銀行職員將高收益債券基金當作定期存款推銷,觸動監管機構神經,故此要求分銷商銷售這類基金時必須錄音,清楚披露所有風險因素。由於錄音內容幾乎一面倒將風險鉅細無遺一一讀出,有點令人不安;二來錄音冗長,浪費大家不少寶貴時間。如果閣下惠顧的分銷商不能上網認購的話,錄音這一關對很多人來說都非常麻煩。

3. 應付分銷商推銷新產品

銀行前線員工交數壓力大，不希望你買一次基金後便永久收息。所以他們有誘因推銷你經常轉換投資以求為銀行多賺認購費，投資者要花點時間聽聽銀行推銷新產品。

債券ETF的出現，則能解決以上三大問題。

ETF全名為「交易所買賣基金」，顧名思義即是在交易所買賣的基金。在交易所買賣的基金一般都是沒有基金經理的，只是追蹤特定的指數。例如我們很熟悉的盈富基金（2800），便是透過買入一籃子恒生指數成份股，追蹤及複製恒生指數的表現。相同道理，債券ETF即是追蹤特定一籃子債券的交易所買賣基金。

圖表4.10　三類債券投資比較

	個別債券	債券基金	債券ETF
費用	低	高	低
資金投資效率	低	中	低（香港） 高（美國）
資金流通性	低	高	低（香港） 高（美國）
產品透明度	低	中	低
可選擇的產品	少	多	少（香港） 多（美國）

收費較低廉

買債券的主旨是透過分散投資，買入一籃子債券，然後賺取債券的派息。買債券ETF完全能做到分散投資的效果，而且收費遠遠低於買基金。由於ETF在交易所上市，只需用股票戶口便可交易。市面上券商的買賣佣金普遍低於0.2%，遠遠低於買基金的1%認購費。ETF由於只需要追蹤指數，沒有基金經理主動投資的成份，故每年管理費往往只需約0.4%至0.7%，遠遠低於基金收取的1至1.5%年度管理費。

香港的債券ETF僅7隻

港交所現時有201隻可買賣的ETF，絕大部分都是追蹤股票指數的ETF，而債券的ETF只有以下七隻：

圖表4.11　香港的債券ETF

	追蹤指數
易方達國債 02808.HK	花旗中國國債5-10年期
ABF 港債指數 02819.HK	Markit iBoxx ABF Hong Kong
沛富基金 02821.HK	Markit iBoxx ABF 泛亞洲
南方東英短債 03122.HK	花旗中國政府及政策性銀行債券 0-1年精選
iShares 安碩人民幣債券指數 ETF 03139.HK	花旗人民幣債券權重上限
BMO 亞洲投資債 03141.HK	巴克萊亞洲美元投資級別債券指數
南方五年國債 03199.HK	中債5年期國債

於香港上市的債券ETF的數目，跟股票ETF比起來可謂完全不成比例，而且投資的大部分都是對市場利率敏感的高存續期債券。最過份的一點是，每天成交低得要命，以執筆日（2017年3月24日）計，以上七隻債券一天的成交額加起來不到40萬港元，流通量太低帶來的問題是買入賣出差價比活躍的ETF大得多，蠶食了投資者不少回報。

美國的債券ETF流通量好

最近美股連年上升，令更多人關注美股。香港不少券商都加強推廣美股戶口。相對香港的債券ETF，美國的債券ETF一來選擇比香港多好幾十倍，二來流通量亦遠比香港好。

參考ETF Database網站（網址：http://etfdb.com/types/），在美國可買賣的債券ETF多達309種，而且各種類型，不同地區均有全面覆蓋。

圖表4.12　美國可買賣的債券ETF選擇多

» ETFs Based on Asset Class

Bond ETFs (309)	o California Munis (2)	o Money Market (5)
• Bond ETFs By Duration (301)	o China Bonds (2)	o Mortgage-Backed (7)
o All-Term (100)	o Convertible (3)	o Municipal Bond (25)
o Intermediate-Term (89)	o Covered Bond (1)	o New York Munis (2)
o Long-Term (39)	o Emerging Markets (17)	o TIPS (15)
o Negative Duration (2)	o Floating Rate Bonds (4)	o Target Maturity Date Corpora
o Short-Term (61)	o Floating Rate Treasury (2)	Bond (25)
o Ultra Short-Term (8)	o German Bonds (1)	o Target Maturity Date Junk Bo
o Zero Duration (2)	o High Yield Munis (3)	(8)
• Bond ETFs By Type (286)	o International Corporate (5)	o Target Maturity Date Munis (3
o Australian Bonds (1)	o International Treasury (7)	o Total Bond Market (32)
o Bank Loans (4)	o Investment Grade Corporate	o Treasuries (50)
o Build America (1)	o Junk (32)	o U.S. Agency (1)

圖表4.13　買賣美股小知識

> 交易時間：香港時間晚上9:30 —— 凌晨4:00（美東夏令時間）
>
> 　　　　　香港時間晚上10:30 —— 凌晨5:00（美東冬令時間）
>
> 沒有每手股數限制：最少可買賣1股，入場費遠低於在銀行買基金
>
> 以美元為結算貨幣：買賣前需預先兌換美元
>
> 買賣以T+3交收

篩選美國的高收益債券ETF

投資美股的高收益債券ETF跟投資香港高收益基金一樣，我都是選規模大、投資項目較多較分散、管理費較低、存續期較低的ETF。選ETF比選基金不同考慮是，我們還需要考慮ETF的每日成交量、流通程度及買賣差價。另外要注意的是，美股的高收益債券ETF都是每個月派息一次給投資者，對於喜歡每月「出糧」的投資者是個喜訊。

以下是我按照上述的準則而選擇的高收益ETF供各位讀者參考：

iShares iBoxx $ High Yield Corporate Bond ETF（HYG）

HYG於2007年4月成立，是眾多高收益債券之中市值最大，每天成交最多的ETF。基金投資的債券超過1,000隻，基金開支比率為0.5%。

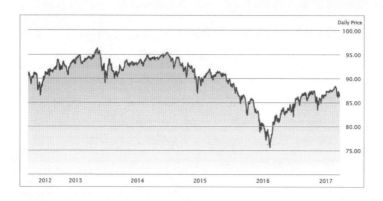

SPDR Bloomberg Barclays High Yield Bond ETF（JNK）

JNK於2007年4月成立，市值及成交僅次於HYG。JNK較HYG好的地方是開支比率較低，只需0.4%；但持有的債券僅809隻，而債券的存續期也較長。然而，JNK所持債券收益率較高，故此每月派息也較HYG多。

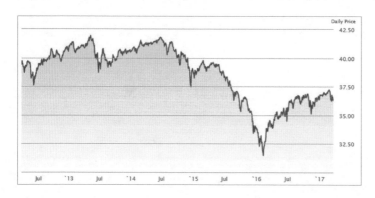

iShares Global High Yield Corporate Bond ET (GHYG)

剛才介紹的兩隻ETF大部份買美國公司的債券,而且100%買美元計價
的債券。在2012年4月才成立的GHYG,較多投資於其他國家、非美元
計價的債券,分散了不少美國經濟及政治風險。GHYG表現尚算平穩,
持有的債券也超過1,000隻,足夠分散個別公司倒閉的風險。

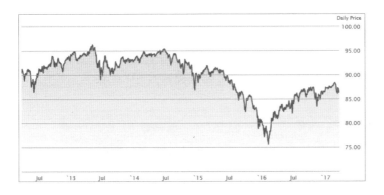

SPDR Bloomberg Barclays Short Term High Yield Bond ETF(SJNK)

2017年3月開始,美國正式展開加息周期,很多朋友擔心加息會對債價
及ETF價格造成不利影響。有此擔心的朋友可考慮投資SJNK。此ETF主
要投資於5年內到期的高收益債券,故此存續期會較低。而SJNK投資的
債券也接近800隻,也足夠分散個別公司倒閉風險。

定期審視所投資的債券ETF

投資市場天天在變，投資者除了看ETF的派息和股價，還需要定時看看
ETF的基本因素有無有大變，例如其存續期、投資債券數目等。

市場上有大量分析ETF的資訊，自己用過認為www.etf.com較好，資訊
清晰之餘也比較易用。

（1）登入http://www.etf.com/，在搜尋欄直接輸入ETF代碼

（2）接下來便是摘要版面，如覺得資訊太多，可直接點擊Fund Report直
接開啟PDF報告檔案。

（3）左邊是網站分析員的意見，而右邊則是ETF所有數據。

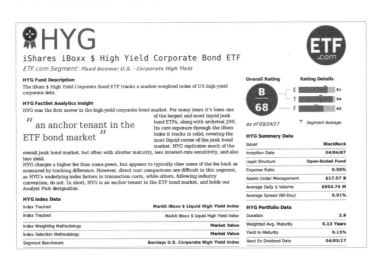

投資美國ETF還看英語能力

雖然很多券商已將很多美股資訊網站及交易程式中文化，但始終絕大部分有用的交易資訊還是以英文為主，尤其很多是投資、債券專有的英文名詞，跟大家平時接觸的英文會有點不同，建議多看看相關資料才作出決定。如讀者對理解英文資料有困難，建議選擇在銀行投資一定有中文資料的債券基金。

圖表4.14　券商的美股手機交易程式

資料來源：富途證券的《富途牛牛》手機應用程式，已預先做好翻譯及將部份熱門 ETF 分門別類。

注意股票戶口保障

開港股賬戶受到香港證監會「投資者賠償基金」保障，萬一選用的證券行倒閉，投資者可以獲得不多於15萬元的賠償；但美股的戶口就不受香港的「投資者賠償基金」保障。

而美國券商則由證券投資者保護公司（SIPC）提供最高50萬美元的保障，但香港不少可買賣美股的券商在香港和美國的投資保障都沒有，讀者開立戶口的時候緊記查詢清楚你的美股戶口到底有沒有保障。

留意股息稅率較高

買美國的債券ETF雖然沒有認購費，而且管理費比基金低很多，但是美國是世界著名的「萬稅國度」，無論你是不是美國人，買美國的ETF收息便需支付30%稅項。假如ETF派息100美元，你最後只能收到70美元，稅率可謂相當驚人。

應用「樂活五線譜」避開高位買入

雖然債券的波幅一般較股票低，但債券ETF價格下跌起來也可以很快很急，雖然一年派息5%以上，收息一段時間便可以賺回差價，但我還是建議各位讀者考慮分段投資，將買入價平均起來，避免高位買入揸價。如果讀者只有一注資金投資，應先看看該ETF在「樂活五線譜」的位置，以避開高位買入。

讀者只需在「樂活五線譜」的網站輸入有關ETF的代碼，例如我要搜尋HYG，便輸入HYG這三個字母，應用方法一樣，價格高於「95%樂觀線」時便應等等，在95%悲觀線附近基本上可以很放心買入等財息兼收。

圖表4.15　樂活五線譜（iShares高收益公司債券ETF）

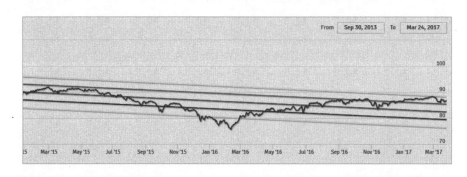

我一連寫了兩章關於債券的投資，相信大家應該對債券投資有點想法，最後我有兩點結論：

1. 環球高收益債券板塊方面，債券ETF不但選擇較多，而且回報跟投資同板塊的主動基金接近，但ETF收費遠遠低於投資基金，所以環球高收益債券投資應以美國的債券ETF出擊。

2. 由於亞洲區高收益企業債券的規模雖然沒有美國的規模大，未見美國有相關的ETF出現供投資者選購，但從過去五年的數據來看，個別由優秀基金經理操盤的亞洲債券基金，表現亮麗之餘，更有不錯的穩定性。

建議讀者可將資金分別以各自的優勢配置：亞洲債券投資在表現良好的基金；至於環球債券則投資多幾款收費便宜的ETF，反正美股最低只需投資1股也可以，不像香港的債券ETF需要整手投資。

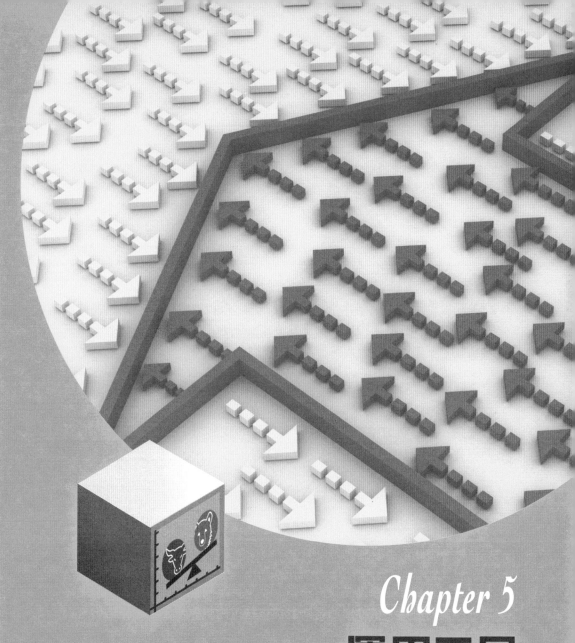

Chapter 5
運用工具
對沖投資組合風險

5.1 對沖工具一覽

之前已教了大家如何活用「樂活五線譜」，以相對合理價格買入優質資產，定期收取分紅。但是任何優質資產都不會只升不跌，尤其近年黑天鵝頻繁，一年幾次大起大跌基本上已沒有懸念。

很多朋友研究股票的基本分析及技術分析，希望能夠在高位賣掉全部持倉，然後再低位買回。問題是，根據我過去多年做的統計，就算是比較準確的技術分析方法，一般命中率只有60%至70%左右，即是10次裡面你會有4次錯的決定：即是買早了或賣早了。

買早了其實問題不大，只要投資的錢是閒錢的話，還可以一路慢慢收息等投資重回買入價。但如果你的分析方法提供錯誤信號，你提早賣掉後，你的投資繼續上升，而你則一直持有現金，眼白白看著投資價格飆升，你會同時損失派息收入及股價／債價的升值，那就非常可憐了。

我決定賣出資產的關鍵點只有一個，就是資產的基本因素有重大改變，以致投資的股票／債券無法再為我提供穩定的現金流，我才會沽出，否則我便繼續讓它出糧給我。

我的投資要用來收息，不會隨便出售，然而由於大市經常都會有些恐慌大跌市，因此我會在這章介紹大家學習基金經理和大型企業，如何在跌市做對沖獲利，以補償其投資損失。

運輸公司對沖燃油成本

油價過去十年大幅波動，由最低 30 元一桶到 100 元以上一桶都曾經發生過。航空公司和巴士公司每天都使用大量燃油，每位乘客坐巴士才十多元一程，飛機票也只是賣幾千元一張，賺的錢十分有限。如果油價大幅上升，基本上所有利潤都不夠支付燃油成本，所以，為方便定價及做財務預算，這些公司絕對有必要做原油期貨對沖，以鎖定燃油成本。

不過，水能載舟、亦能覆舟，國泰連續兩年因原油對沖損失超過 100 億元。2008 年，中信泰富也因為投資 accumulator 對沖澳元匯價風險，導致公司一年勁蝕 147 億元。

為自己的投資進行對沖時，也需要小心控制使用的工具和規模，以致不會產生巨大的風險和嚴重的後果。

基金經理以期貨對沖風險

我以前在銀行工作，經常會瀏覽表現優秀的股票基金何以在升市可賺盡，跌市時又跌得比大市少。曾認真研究過惠理在 1993 年成立「惠理價值基金」，和 2016 年獲得晨星基金獎項的「行健宏揚中國基金」，發現兩隻基金均有做期貨對沖，在跌市時透過沽期指獲利而不用賣走手中持股。

圖表5.1　基金月報顯示投資涉及衍生工具

組合資產種類分布	
股票	89.38%
固定收益	0.00%
外匯遠期合約	0.00%
衍生工具	
期貨	-9.91%
期權/權證	0.00%
結構性票據	5.97%
現金	3.93%

資料來源:「行健宏揚中國基金」
基金月報

對沖工具3大種

很多讀者都只是習慣買入後持有,然後等他慢慢升值,對於可以買跌的產品可能理解不多。市場上可以買跌的各種投資工具愈來愈多,達到花多眼亂的程度。不同的兵器有不同特色和殺傷力,如何使用才能最易發揮兵器的最佳效用,以及不易傷到自身?以下為大家介紹一下市場上的各式兵器!

1. 期權

在本書較早章節有介紹過期權這項工具,買入認沽期權(Long Put)獲利的時候雖可能獲得倍數回報,但是要賺到足以覆蓋正股所損失的回報,除了需要考慮方向外,還要考慮行使價、到期日和引伸波幅等一籃子因素,跌市中要在期權贏錢並不容易,搞不好不但正股繼續下跌,買入的期權亦變成廢紙,結果就是雙重損失。

2. 期指

期指則相對公道,不用考慮行使價、到期日和引伸波幅等因素。不過期指有槓桿因素,萬一看錯市,導致保證金不足,需要加注現金以補充保證金,損失就有可能多於本金。過去多年均有不少人因為炒期指失利,以致傾家蕩產。如小投資者沒有經特別學習,建議不要以期指對冲損失。

3. 反向ETF

在過去十多年,市場上開賣的ETF都是以長倉為主,比如投資者看好大盤表現,便買入盈富基金(2800),即是買入一籃子跟恒生指數相同的股票。如果投資者看淡指數,只能把手中的盈富基金賣掉。如果知道股市有一段時間下跌,又不想參與複雜的衍生工具,投資者就只能賣出股票,然後持有現金等待。在2017年之前,不想參與期指、期權等衍生工具的投資者,可在美股戶口買賣反向ETF。不過自2017年3月開始,香港證監會批准了基金公司在香港發行跟恒生指數及國企指數表現相反的反向ETF產品。例如投資者選購了追蹤恒指的反向ETF,恒指每升1%,這ETF的價格便會下跌1%;相反恒指下跌1%,這ETF的價格便會升1%。

由於這些反向ETF並沒有到期日,也沒有槓桿成份,回報跟指數掛鈎,所以沒有沽期指及期權帶來的額外風險,只需看對相反方向便能獲利。

現時港股市場上分別有四間基金公司推出了八隻跟恒指或國指走勢相反的ETF。

恒指反向ETF名單

股票編號	內容
7300	南方東英恒生指數每日反向（-1x）產品
7321	華夏Direxion恒生指數每日反向（-1x）產品
7336	未來資產恒指每日反向（-1x）產品
7312	三星恒生指數每日反向（-1x）產品

國指反向ETF名單

股票編號	內容
7388	南方東英中國企業指數每日反向（-1x）產品
7328	三星恒生中國企業指數每日反向（-1x）
7341	華夏Direxion恒生國企指數每日反向（-1x）產品
7362	未來資產國指每日反向（-1x）產品

相關基金公司在推出新產品時已製作完備的資料解說，所以本書不會花太多篇幅介紹這些ETF的原理，有興趣的讀者可以登入基金公司的網站參閱產品介紹詳細了解。我會集中講解應在甚麼時候和怎樣應用這些反向ETF。

5.2 善用反向ETF 對沖

恒指每天不是升便是跌,如果每次跌都馬上做對沖,一來浪費時間,弄得自己精神緊張,而且也要付不少佣金。所以我建議讀者在股災式暴跌時才進行對沖,可參考圖表5.2的紅圈情況,當中包括如2015年的大時代爆煲及2016年的熔斷機制,令恒指下跌超過一千點。

圖表5.2 恒指出現股災式暴跌時期

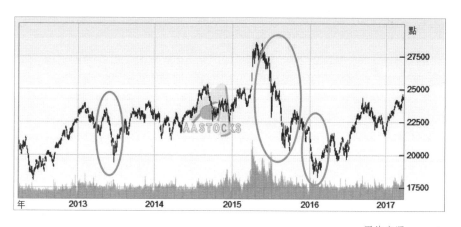

圖片來源:aastocks

可能讀者會質疑我事後孔明，市場難道會預先告訴我將發生股災？那就肯定不會，但是大家看看上圖，一個股災的發生很少是一星期內可以完成，一般都是歷時最少一個月。所以如果讀者掌握到一些方法去確認股災，早一點去買反向ETF對沖，就能減輕你很多損失。

了解恐慌指數　提早確認股災

如果大家記得在期權的章節，期權的一大要素是引伸波幅。引伸波幅愈高，期權的價格便愈高。而恒指波幅指數就是參考港交所期權市場上的即月及下月恒生指數期權的價格中，反映恒指未來30日的預期波幅。由於港股在股災的時候，波幅通常會比較高，所以這個指數有個別名叫「恐慌指數」（VHSI）。

圖表5.3我將過去五年的恒指走勢跟恐慌指數來個拼圖，大家可以發現恐慌指數在高位的時候，恒指便在低位（看橙圈）。恐慌指數在高位回落時，也就是恒指見底的時候。

圖表5.3　恒指和恐慌指數關係背馳

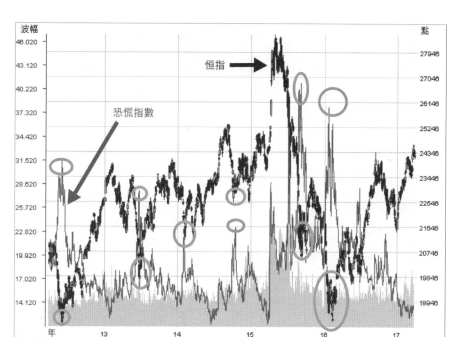

圖片來源：aastocks

所以大家應用這個波幅指數的策略可以很簡單，如果你看見大市突然急
跌，而且波幅指數開始急升的時候，便可買入反向ETF避險。如果你手
上中資股、國企股較多的話，則可以買國指反向ETF，以保護你的投資
組合。如果你確認波幅指數見頂回落之時，便可將反向ETF平倉，然後
利用這筆賣出反向ETF套現的錢，去低吸優質股份。

查閱恐慌指數最新報價

要查閱恐慌指數最新報價，可登入恒指服務公司網頁（https://goo.gl/
m3eFIM），便能得到即時「恐慌指數」的數值，並可看到過去數值的報表。

圖表5.4　恒指波幅指數

恒指波幅指數

主頁 > 指數 > 指數概覽圖 > 策略指數 > 香港上市

概覽	統計數字

簡介	編算方法	報價代號

指數資料

恒指波幅指數旨在量度現正於香港交易及結算所有限公司衍生產品市場交易之最
近期及下一期恒生指數期權的價格中，所包含恒生指數的30個曆日預期波幅。有
關指數詳情，請參閱「指數資料」部份之小冊子及常見問題。

28/03 16:00:00	
即時指數	13.51
升跌	-0.38
升跌 (%)	-2.74%
最高	13.75
最低	13.35
上日收市	13.89

重要聲明：
恒指波幅指數（「指數」）是由恒生指數公司公佈。恒生指數公司與Standard &
Poor's Financial Services LLC（「S&P」）已就維持及計算指數達成協議。
「Standard & Poor's」及「S&P」屬S&P的商標而恒生指數公司已獲授予許可
使用。「VIX®」屬Chicago Board Options Exchange, Incorporated
（「CBOE」）的商標，Standard & Poor's已獲CBOE准許並已向恒生指數公
司授予許可把該商標用於與指數有關的用途。Standard & Poor's及CBOE並不擁
有、贊助、認可或推廣指數，Standard & Poor's及CBOE亦無就投資基於指數的
產品或依賴指數作任何其他用途是否明智作出任何聲明。S&P、CBOE及恒生指
數公司均無須就指數或其任何數值的任何錯誤或遺漏負任何責任。

另外，我們也可善用坊間的報價網站，看到恐慌指數的走勢。

1. 在aastocks輸入號碼後，在頁面左邊按「圖表分析」。

2. 在下拉選項選「波幅指數」便可看到走勢。

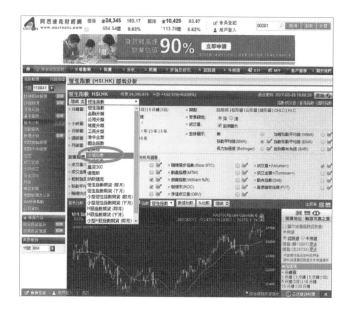

5.3 理想的 對沖規模

本章一開始的時候，就說明了做對沖做得不好，不但無法在極端市況發揮保護作用，反而會傷及自身。雖然以反向ETF進行對沖，相對使用其他較難操作的衍生工具，感覺是較為穩陣，但應該怎樣部署才是最安全？

做對沖先要預留足夠現金

如果你把身上全部現金都用來投資，那你就不用繼續再看下去了。因為你在跌市時根本沒有錢去買反向ETF對沖！所以你做對沖第一件事便是你要有足夠的現金。

有很多朋友都認為現金無息，而且世界各國經常印鈔，貨幣最終只會變成廢紙，所以盡量用盡手頭的現金去做各式各樣的投資。我經常告誡我的客戶和朋友一句說話：「天有不測風雲，人有旦夕禍福」，即是說除了投資市場每日變幻無常，人的際遇、健康、家庭也有可能會起變化，必須有現金在手，才能應付難關。

我的持有現金策略便是應急開支，再加上一些日常消費用現金，這現金水平因人而異，讀者可自行做些「壓力測試」，例如估計自己萬一被公司裁員、家人有急病需就醫，樓按突然大幅加息等因素突然一次過在明天發生，你需要多少現金來解決燃眉之急，以及應付自己和家人日後的生活？

對沖錢不宜多於股債投資額

我當然也預留了一筆「救命錢」，「救命錢」除了作為緊急儲備外，我還會在適當時候用它作對沖投資組合之用。過去多年雖然股市起伏不定，但總體來說都是反覆向上，而且上升的時間是遠多於下跌的時間。所以一年短時間用一用這筆錢，反向ETF賺了的錢就可用來加注我原來的組合，待股市恢復上升時我便可以賺得更多。就算看錯市也不用太擔心，因為你手上還有股債等投資，如果你在反向ETF虧損，即是意味大市是上升的，你現有的投資組合價值上升，只要你用來做對沖的錢不多於你原來股債的投資總額，風險是相當有限。

後記 入球的前鋒和防守的後衛

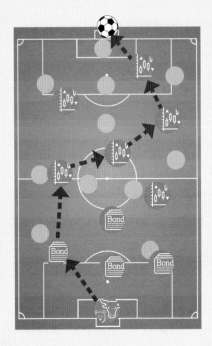

記得有一次聽基金經理黃國英的talk show，他在 talk show 完結時以一個足球布陣來介紹他推介的股票。這本書教大家做的收息投資，也可以這樣分類。

 進攻：股票 ＋ 股票期權

Bond 後防：債券

守門員：反向ETF

讀者可能會問，應怎樣將資金分布到這些工具？我建議你可以幻想自己是這隊足球隊的領隊：如果你比較看重進攻入球，希望多收息，應考慮多配置在股票和期權；相反，如果你希望組合較少波幅，你可以加強防守，較多配置在債券身上，以降低風險。

而守門員則是每個足球隊都應有的成員，雖然他也會失球，但總要有一個角色負責抵擋對方進攻，減少失球。守門員不要多，一個便足夠，所以我在最後一章建議讀者平時需要保留現金，並在股災時有限度地使用反向ETF為你對沖投資組合的損失。

希望本書能幫你建立到一個安心收息的投資組合，如果你對本書有任何疑問或意見，歡迎你電郵至 book@desmondlai.com 或關注我的 facebook 專頁一起交流。

Wealth 71

作者	黎家良
出版經理	Sherry
責任編輯	Michael
書籍設計	Stephen Chan
相片提供	Thinkstock

出版	天窗出版社有限公司 Enrich Publishing Ltd.
發行	天窗出版社有限公司 Enrich Publishing Ltd.
	香港九龍觀塘鴻圖道78號17樓A室
電話	(852) 2793 5678
傳真	(852) 2793 5030
網址	www.enrichculture.com
電郵	info@enrichculture.com
出版日期	2017年6月初版
	2017年8月第二版

承印	嘉昱有限公司
	九龍新蒲崗大有街26-28號天虹大廈7字樓
紙品供應	興泰行洋紙有限公司

定價	港幣 $138　新台幣 $580
國際書號	978-988-8395-43-9
圖書分類	(1)工商管理　(2)投資理財

支持環保　此書紙張經無氯漂白及以北歐再生林木纖維製造,並採用環保油墨。

Desmond

《有升有息》
股票實戰 攻略班

除了書中介紹的基本篩選及樂活五線譜外，Desmond在此課程還會教同學做好選股的基本分析技巧和示範使用簡單有效的技術分析工具，讓您股票投資穩定增值。

期權新手
實戰班

Desmond深明期權初學者的難處和困難，故此會在此課程由淺入深介紹期權原理的原理及各項知識，並指導同學實戰操作技巧，務求同學在不同市況下皆能獲取穩定收入。

最新的課程日期資料或
其他投資活動請登入：
www.enrich.club/

 天窗會
ENRICH CLUB

 睿富

誠意助你財務自由

特送

**HK$500
課程優惠券***

或

**HK$50
活動優惠券****

凡參與由天窗會及WealtHub睿富主辦的投資活動，於報名前出示優惠券，並於活動當日出示正本，即可享有以上優惠。

* HK$500 課程優惠券 — 只適用於報讀HK10,000以上的課程，並不可與其他優惠同時使用。
** HK$50 活動優惠券 — 只適用於參加HK$200以上的活動，並不可與其他優惠同時使用。

優惠條款：
優惠有效期截止：2017年12月31日，必須出示此頁正本，影印本無效。此優惠券只用作1次HK$500課程優惠券或HK$50活動優惠券使用。每人每次活動或課程最多可享用1張優惠券。此優惠券並不可與其他優惠同時使用。使用時，活動單位有權要求收回此頁正本優惠券或印上/貼上已使用的標示。如有任何爭議，天窗出版社保留最終決定權。